Bernhard Becker

Der Sonntag, ein Traktat

Bernhard Becker

Der Sonntag, ein Traktat

ISBN/EAN: 9783743611030

Hergestellt in Europa, USA, Kanada, Australien, Japan

Cover: Foto ©Lupo / pixelio.de

Manufactured and distributed by brebook publishing software (www.brebook.com)

Bernhard Becker

Der Sonntag, ein Traktat

Der Sonntag.

Ein Traktat

von

Dr. Bernhard Becker,
Pfarrer in Linththal.

Glarus,
gedruckt bei Frid. Schmid.
1864.

Vorwort.

Es ist ein gewagtes Unternehmen, nach so vielen und zum großen Theil vortrefflichen Sonntagsschriften auch noch eine Arbeit über diesen Gegenstand zu veröffentlichen. Folgende Gründe bestimmen mich dazu. Wer über Fabrikindustrie und näher über das Familienleben in derselben schreibt, der muß nothwendig auch etwas sagen über den Sonntag, denn für beide ist derselbe von der höchsten Bedeutung. Ich halte es z. B. für einen entschiedenen Mangel in der vortrefflichen Schrift, der „Arbeiterin" von Julius Simon, daß in derselben des Sonntags so gar nicht erwähnt ist. Darin tritt so recht der Unterschied zwischen deutschem, mehr noch englischem und französischem Wesen hervor. Die Fabrikarbeit ist meistens sehr anstrengend, namentlich durch ihre Einförmigkeit, sehr oft ungesund. Da ist der Ruhetag, der Tag in der frischen Luft, der Tag in der Natur, der Tag bei gemüthlicher und geistiger Beschäftigung ein wahrer Balsam. Der Fabrikarbeiter hat den Sonntag noch viel nöthiger als der Bauer, der Handwerker, die bei ihrer Arbeit mehr Abwechslung haben, beliebige Ruhepunkte machen können. Der Fabrikarbeiter kann nicht wie der Gelehrte, der Künstler, der reiche Mann Ferien und Ausflüge machen. Seine Arbeit, so lang er gesund ist, läuft in einem fort. Durch die Entheiligung des Sonntags leiden besonders die Frauen, die Frauen, die die Sonntage Morgen mit Arbeit daheim zubringen. Eine strenge Sonntagsfeier würde sie von diesem Sonntagsjoche befreien. Der Arbeiter hat in der Woche nicht Zeit, überhaupt weder die Mittel noch den Anlaß, geistiges und Gemüthsleben recht zu pflegen. Da tritt der Sonntag ein mit seinem Gottesdienst, der Sonntag mit seinen belehrenden Versammlungen und Anläßen, der Sonntag mit seinem häuslichen Beisammensein im Kreise der Familie. Warum ich aber nicht auf vorhandene Sonntagsschriften verweise? Abgesehen davon, daß jeder, der schriftstellert, etwas Eigenthümliches zu besitzen glaubt, und auch um jeden ein gewisser Leserkreis sich bildet, der über die gleiche Sache lieber den gleichen Mann hört, sind mir viele dieser Sonntagsschriften zu fremd oder zu fromm. Was das Letztere anbetrifft, glaube ich, daß man auch von einem freiern Standpunkte aus etwas für den Sonntag sagen könne, das Hände und Füße hat. In Bezug auf das Erstere kann eine Sonntagsschrift trotz alles Allgemeinen, das sie nothwendig an sich hat, doch nicht mit dem gleichen Segen für die ganze Welt geschrieben sein. Sie muß Land und Leute berücksichtigen. Welches sind an diesem Orte die besondern Uebelstände? Was war da bisher Uebung? Wie kann da am ehesten geholfen werden? Gesetzt z. B. der englische oder näher der schottische Sonntag wäre der Sonntag, den wir anzustreben hätten, so glaube ich nicht, daß derselbe so ohne Weiteres auf unsere Verhältnisse herüber genommen werden könnte. Ist er das dem Ideal am meisten Entsprechende, so werden wir uns ihm nur allmälig nähern, und uns noch lange mit einem sehr unvollkommnen Sonntag begnügen müssen.

Die Sonntagsfrage muß spezialisirt, da und dort in Angriff genommen werden. Dieser Umstand, verbunden mit dem andern, daß in unserm Lande, das ich hier zunächst im Auge habe, eine große Unbehaglichkeit hierüber herrscht, und die Frage nach Abhülfe bis in die obersten Behörden hinauf gedrungen ist, ermuthigt mich zu der Veröffentlichung dieses Wortes. Möge dasselbe nicht zur unrechten Zeit gesprochen sein, und auch etwas beitragen zu einer schönen Sonntagsfeier und damit bessern Gestaltung unsers Lebens überhaupt.

I.
Der Sonntag wird vielfach entheiligt.

Der Sonntag ist eine Ordnung Gottes. Was sich so zu sagen bei allen Völkern übereinstimmend zeigt wie die Einrichtung eines regelmäßig wiederkehrenden Ruhe- und Feiertages, was der ganzen Anlage des Menschen nach Leib und Seele so entspricht, ein solcher Segen für die Menschheit ist, das ist Gottes Ordnung. Die Grundzüge der Weisheit kommen überall von Gott; wir führen nur aus, sind nur Kleinhändler. Der Sonntag ist eine Ordnung Gottes und als solcher kann er natürlich nicht untergehen. Aber für Einzelne und gewisse Zeiten kann es damit so schlecht werden, daß er so zu sagen für sie nicht vorhanden ist; einzelnen kann er verloren gehen. Denn es gilt auch hier wie anderwärts: „Der Mensch hat vor sich Leben und Tod; welches er will, das wird ihm gegeben werden." Wir können uns auch des Sonntags berauben.

Der Sonntag wird vielfach entweiht durch **Arbeit**. Die gewöhnlichen Werktagsarbeiten kommen in der Regel nicht vor. Aber was die Woche über zurückgebliebene oder unregelmäßige Arbeit ist, Kleineres, um deß willen man nicht gern einen Wochentag versäumt, das wird am Sonntag abgethan. Der Sonntag ist der Tag, in den man hinein legt, was mit gutem Fug die Woche hindurch nicht abgethan werden konnte. Man arbeitet nicht in der Werktagsweise, aber man arbeitet doch;

es ist nur andere Arbeit. Der Bauer mäht nicht, aber er reinigt einen Stall. Der Gärtner sät nicht, aber er sucht den Samen aus für den Montag. Man zieht Rechnungen aus und zieht sie am Nachmittag ein; man hält Sitzungen; es wird aufgeräumt, was die Woche über ungeordnet in das Haus oder in das Buch einging. Es ist selbstverständlich, daß am Sonntag nicht alle Arbeit wegbleiben kann; mit einer völligen Sabbathsruhe kämen wir auf allerlei Ungereimtheiten. Da müßte Manches unterbleiben, das wir gar nicht als Arbeit ansehen, z. B. die Bereitung der Speisen, Pflege der Kranken, Besorgung des Viehstandes u. s. f. Wir wollen auch nicht casuistisch bestimmen, was erlaubt sei und was nicht. Die bessere öffentliche Meinung, wo sie noch besteht, das Gewissen wird uns sagen, was erlaubt sei und was nicht. Aber daß mit diesem Vielerlei der Sonntag auch entheiligt wird, daß man mit allerhand Arbeiten den ganzen Sonntag oder doch den Sonntag Vormittag ausfüllen kann und von einer Sonntagsfeier keine Rede mehr sein kann, liegt auf der Hand.

Der Sonntag wird aber nicht blos durch solche Nebengeschäfte entweiht; es wird am Sonntag auch in der gewöhnlichen Werktagsweise gearbeitet. Gewisse Handwerker haben es sich zur Gewohnheit gemacht, regelmäßig einen Theil des Sonntags zur Arbeit zu verwenden. Es wird nicht bloß ein neuer Rock noch zurecht gebürstet, der Schuh gewichst und den Kunden zugetragen: es wird in ganz gemeiner Werktagsweise geschustert und geschneidert. Bauern bringen nicht blos bei veränderlicher Witterung eine Ernbte, die durch Regen großen Schaden litte, schnell und mit dem Gefühl der Ungehörigkeit unter Dach; es wird oft am Samstag gemäht mit der Absicht: Das thust du am Sonntag ein! Heuer mähen am Sonntag mit Lachen: Wenn man Heu wolle, müsse man mähen! In guten Sommern, wenn Wochen lang schönes Wetter war, heuen viele wie am Werktag; man trägt und zieht

Heu in die Dörfer herunter. Bei der Fabrikbevölkerung, namentlich bei der in Spinn- und Webereien beschäftigten, wird des Sonntags in den Häusern gewaschen und geflickt; man hängt öffentlich Wäsche zum Trocknen aus. Es läßt sich mit Zahlen nachweisen, daß an solchen Orten die weibliche Bevölkerung weniger zahlreich im Gottesdienste erscheint, weil die Weiber und Mütter mit Waschen und Flicken beschäftigt sind. In industriellen Etablissementen wird des Sonntags regelmäßig etwas gearbeitet. Wenn blos Reparaturen vorgenommen werden, einzelne neue Theile erstellt, die am Werktag ohne Einstellen aller Arbeit nicht vorgenommen werden könnten und dabei nicht immer die gleichen Arbeiter beschäftigt werden, so wird die öffentliche Meinung gegen solches Arbeiten nicht viel einwenden. Es werden aber auch Dinge vorgenommen, die ganz füglich am Werktag abgethan werden könnten; wenn der Besitzer des Etablissements eine Einbuße sich gefallen ließe, wenn er nicht um jeden Preis seinen Gewinn suchte. Es kommt vor, daß in industriellen Etablissementen gradezu fabrizirt wird, wenn es gilt, eine Bestellung rasch auszuführen, einen guten Geschäftsfreund nicht zu verlieren, den günstigen Augenblick nicht zu verpassen. Einen Todesstoß empfängt die Sonntagsfeier durch die Arbeit des großen Handels und des Staates. Um Eisenbahnen herum, Dampfschiffe, Posten, ist jede Spur von Sonntagsfeier verwischt. Und warum der große Güterwagen durch das Land soll fahren dürfen, während es einem Privatmann nicht erlaubt ist, einen Karren durch das Dorf zu stoßen, warum man voll Respekt einem solchen Lastwagen ausweichen soll, während man keinen Kohlkopf ab dem Felde holen darf, sieht Niemand ein. Es ist nichts als das Recht des Stärkern, eine neue Art Faustrecht. Eine Eisenbahngesellschaft ist so wenig über das Sabbathsgesetz erhaben als ein Einzelner. Unrecht wird nicht Recht dadurch, daß es viele thun. Die großen Interessen verderben uns den Sonntag. „Wo man mit großen

Interessen umgeht, und bemüht ist, weitaussehende Berechnungen zu entwerfen, hält man es für gar nichts, dem Tage die Nacht, der Woche den Sonntag zuzulegen; auch haben große Interessen immer die Neigung, noch andere Interessen nach sich zu ziehen, und immer mehr in den Leib der Gesellschaft hinein Wurzel zu schlagen, so daß sie wie ein böser Krebsschaden ihre Fasern in das Herz des Lebens schlingen und die Gesundheit des gesammten menschlichen Daseins vergiften".*) Gegen das Reisen als Sache der Erholung, gegen sogenannte Vergnügenszüge, hätte ich viel weniger einzuwenden, als gegen diesen rohen Waarentransport. Ueber militärische Uebungen, sobald sie einen festlichen Charakter an sich tragen, wobei ja ganz leicht durch einen Feldgottesdienst oder durch einen gemeinsamen Gottesdienst am Orte der Zusammenkunft dem Sonntag die Ehre gegeben werden könnte, möchte ich mich in einer Republik, wo jeder Bürger Soldat ist, wo das Vaterland auch in der Kirche geliebt und gepflegt wird, nicht ereifern wie es viele können, höre auch die militärischen Aufgebote in der Kirche nach Vollendung des Gottesdienstes gern. Andere könnten lieber Arbeit dulden als Vergnügen. Schlimmeres kann allerdings bei den Letztern vorkommen, aber Rohes, Gemeines, Trotziges liegt in der Sonntagsarbeit viel mehr als im Sonntagsvergnügen.

Der Sonntag wird zweitens entheiligt durch **Vernachlässigung des Gottesdienstes**. Der Gottesdienst macht den Sonntag aus. Auf einer Bank sitzen, an der Sonne liegen, in den Werktagskleidern bleiben, etwas Müssiges schwätzen, Zeitungen lesen, Tabak rauchen, in's Wirthshaus gehen, macht noch keinen Sonntag aus. „Die Sonntagsfeier besteht nicht in der Ruhe der Anbeter des goldenen Kalbes, die sich niedersetzten, um zu essen und zu trinken, und aufstanden, um zu spielen." **) Die bloße Ruhe macht noch nicht den Sonntag.

---

*) John Younger, in seiner Sonntagsschrift.
**) Ryle.

Es müßten es nur alle so machen; kein Glockenklang sollte ertönen, kein Kirchgänger sich zeigen, und man würde spüren, was es hieße: Sonntag haben wollen ohne Gottesdienst. Warum können so viele von dem Gottesdienste sich entfernen? Weil die Kirche doch im Dorfe steht, weil doch geläutet wird, weil andere zum Gottesdienste gehen, weil andere, wie sie sagen, die Narren sind. Aber wenn die Andern auch nicht mehr gingen, wenn alles still stände, dann würden sie die Narren. Der Sonntag macht den Gottesdienst aus. Ohne Gottesdienst bleibt man am Morgen gewöhnlich in den Werktagskleidern, in dem Werktagsschmutz, in den Werktagsgedanken, arbeitet oft.

Der Sonntag wird drittens entweiht durch **übertriebene Vergnügungen.** Vergnügen darf sein, Vergnügen soll am Sonntag sein. Was haben wir von unserm Christenthum, von unsern schönen Festen, wenn wir nicht auch unsers Leben froh werden sollten? Finster, mürrisch, elend könnten wir sein ohne Religion. Vergnügen soll sein. „Ihr sollt Früchte nehmen von schönen Bäumen, Palmzweige und Mayen von dichten Bäumen und Baumweiden, und sieben Tage fröhlich sein vor dem Herrn, euerm Gott." *) Vergnügen darf sein, aber es soll uns mehr nur zufallen; wir sollen nicht darauf ausgehen. Wer den Lustigmacher spielen will, wird ihn nicht werden, es soll uns gerathen, ohne daß wir es wollen. Vergnügen soll am Sonntag sein, ja es soll gerade aus den Wochentagen weggebracht und in den Sonntag hinein gelegt werden. Das Sonntagsvergnügen wird uns aber zufallen, wenn wir am Werktag unsere Pflicht gethan! Die Ruhe wird uns zum Vergnügen, das Zusammensein mit unserer Familie, mit unsern Freunden; der Fleiß der sechs Wochentage hat so viel zusammengebracht, daß wenn wir nur nach den alltäglichsten haushälterischen Regeln vom Ertrag der Wochenarbeit

---

*) Am Laubhüttenfest.

etwas abgespart haben, wir am Sonntag einen lieblichen Genuß uns verschaffen können.

„Was deckt er echt im Chörbli zue?
Denk wohl e Pfündli Fleisch in's Gmües,
's Cha sy, ne Schöppli Wi derzue."

Das Sonntagsvergnügen fällt uns zu, wenn wir Gott die Ehre gegeben. Wer Gott die Ehre gegeben, darf dann auch von Menschen Ehre nehmen. Wer mit seiner Schuld den Gottesdienst versäumt hat, darf mit Anstand an öffentlichen Vergnügungsorten sich nicht zeigen. Wenn wir uns im Gottesdienst vor Gott wahrhaft gebeugt haben, Vergebung unserer Sünden empfangen, Lust und Kraft zur Besserung, wieder erwärmt worden sind zu neuer Liebe gegen unsere Brüder, dann ist uns am Nachmittag wohler, als wenn wir ohne diesen sittlichen Vorgang nur so in unserm unvollkommnen Zustand fortvegetiren.

Es kann für gewisse Leute, welche die ganze Woche über nie von ihrer Arbeit in eingeschlossenen Zimmern loskommen, für gewisse Zeiten Pflicht sein, um ihre Gesundheit zu stärken, um den ganzen Menschen zu erfrischen, um den reichen Menschengeist auch von einer andern Seite her anzufassen und zu erneuern, einen ganzen Sonntag zu Fahrten über Berg und Thal, in weite Ebenen, in ferne Städte zu verwenden. Aber dann ist nicht Alles nur Vergnügen, Vergnügen, wie man es gewöhnlich faßt, es ist Anstrengung dabei, Ernst, Belehrung, Arbeit, durch welches alles dann das rechte Behagen erst entsteht. In der Regel aber sei der Sonntag Morgen dem Gottesdienste geweiht. Ein Sonntag, ganz dem gemeinen und gewöhnlich so genannten Vergnügen geweiht, ist nur ein lärmender Werktag, ein Tag ohne Salz und Kraft. Daß der Sonntag durch Vergnügen, welche unsere Sittlichkeit untergraben, unserer Gesundheit schaden, unsern Wohlstand zerstören, entweiht wird, daß diese überall hin gehören, nur nicht in den

Sonntag, liegt auf der Hand. Wie viele aber verschleudern am Sonntag, was eine ganze Woche zusammengebracht hat! Für wie viele wird der Sonntag, der Läuterungs- und Erhebungstag zum eigentlichen Sündentag! Wie viele sind am Montag Morgen an Leib und Seele zerschlagener als am Samstag Abend!

II.
Was hat die Sonntagsentheiligung für Folgen?

Die Sonntagsentheiligung führt zu **geistiger** und **sittlicher Versumpfung**. Wenn wir den Sonntag nicht feiern, dadurch, daß wir uns regelmäßig vom Gottesdienste, dem Hauptstücke des Sonntags fern halten, werden wir zum Mindesten selbstsüchtige und kalte Menschen. „Mir ist der Gottesdienst immer auch etwas patriotisch-demokratisches, ein sanftes Band, das die Theilnehmer **eines** Volkes umschließt. Die Kirchendeserteure sind mir immer auch als Aristokraten verhaßt."*) „Es gibt nichts so Selbstisches und Herzloses, als wenn Vornehme und Reiche mit Mißfallen oder wenigstens mit einem gewissen verschmähenden Ekel auf Sonn- und Feiertage zurückblicken."**) Ja keiner rühme sich, er sei ein Volksmann, wenn er sich von den Volksgottesdiensten fern hält. Der Grund, diese Gottesdienste seien ihm zu altmodig, zu altgläubig, verfängt nicht. Ist ihm etwas nicht recht, glaubt er etwas Besseres an die Stelle des Veralteten zu setzen, so eifre er gegen Jenes, eifre für das Neue; gelingt es ihm, die Mehrheit auf seine Seite zu bringen, so ist die Mehrheit das Gesetz. Gelingt es ihm nicht, so hat

---
*)   Spalding, der jüngere.
**) Wilhelm von Humboldt.

er sich als Republikaner, als Volksmann, in welchem Staat er lebe, der Mehrheit zu unterwerfen. In weitaus den meisten Fällen werden wir aber durch Vernachlässigung des Gottesdienstes noch allgemeinern Schaden nehmen. Der größte Theil des Volkes empfängt fast ausschließlich in den öffentlichen Gottesdiensten die Belehrung über je die wichtigsten Dinge. Es gibt keine andere Anstalt, die so regelmäßig und geordnet zur Belehrung aufforderte und den Anlaß böte wie der Gottesdienst. Es ist dafür ein eigener Tag anberaumt, ein eigener Ort, der schönste erhabenste der Gemeinde; wir werden festlich dazu eingeladen, die Belehrung findet in ernster, feierlicher Umgebung statt, die uns zum Nachdenken wie von selbst auffordert. Alle andere Belehrung, durch Lesen, öffentliche Vorträge, eigenes Nachdenken tritt nicht so regelmäßig an uns; wir werden nicht von selbst darauf geführt; wir müssen uns besonders dazu entschließen, uns aufraffen, abgesehen davon, daß einem großen Theil des Volkes zum Lesen, Anhören guter Vorträge, zum Besuch bildender Gesellschaften und Vereine Zeit und Gelegenheit mangelt. Die in der Kirche die Belehrungen ertheilen, gehören nicht zu den Ungebildetsten, Unfähigsten in der Gemeinde. „Wie viel ein guter Geistlicher dem Landvolk werden kann, ist noch nicht gebührend hervorgehoben. Den Erzähler, dessen Beruf es ist, gerecht zu sein und weder pro noch contra zu übertreiben, hat wiederholt der Gedanke getroffen, wie gegenwärtig in jedem Winkel des Landes die größten Wahrheiten gelehrt und hie und da sogar klarer, schöner und herzlicher erläutert werden als vom Katheder aus. Er hat auch gefunden, daß Einzelne der Gemeinde sie manchmal besser begreifen, als es vom Auditorium aus zu geschehen pflegt, daß am Ende auch dem mindest Fähigen noch immer etwas mitgegeben wird, was ihn respektabler macht, als er vorher war." *)

---

*) Melchior Meyr.

Was man gegen den gemeinsamen öffentlichen Gottesdienst einwendet: „Wittwen und Waisen in ihrer Trübsal besuchen, und sich von der Welt unbefleckt erhalten", sei ein besserer Gottesdienst als unser Kirchenwesen in den vier Mauern, so lohnt es sich gar nicht der Mühe, auf diese Bemerkung einzugehen. Denn setzen wir äußeres Kirchenwesen n e b e n dieses Wittwen= und Waisenbesuchen und sich von der Welt unbefleckt erhalten oder ü b e r dasselbe als etwas Höheres? Fordern wir nicht gerade i m Gottesdienste dazu auf? Erwärmen wir uns nicht gerade i m Gottesdienste, im gemeinsamen Gottesdienste, neben und unter dem Volk, zu diesem die Wittwen und Waisen in ihrer Trübsal besuchen? Wo anders finden wir noch die Kraft, uns zu einem reinen Leben zu entschließen, ein reines Leben zu führen als da, wo die G e m e i n d e versammelt ist, die Gemeinde, das Land, die uns bitten: Sei auch um unsertwillen ein braves, tüchtiges Glied der Gemeinschaft! Und was die Naturgottesdienste anbetrifft, die besser seien als die Kirchengottesdienste: predigen wir nicht auch in dem Gottesdienste von den Wundern der Natur? „Ich halte mich Herr zu deinem Altar, da man höret die Stimme des Dankens, und da man prediget alle deine Wunder." Alle deine Wunder, auch die Wunder der Natur. Danken wir Gott nicht auch in der Kirche für den Segen der Natur? Rühmen wir nicht auch in der Kirche Gottes Größe und Herrlichkeit in seiner Schöpfung? Stehen nicht in der Bibel Naturschilderungen, daß kein neuerer Natur=Dichter und =Schwärmer je Größeres und Erhabeners gesagt hat? Müssen wir nicht verständige Zuhörer sein, um die Predigt der Natur zu verstehen? Sind die, welche uns in der Kirche predigen, in der Regel nicht Männer, welche uns, mit Ausschluß der Fachmänner, das Verständniß der Natur auch so gut eröffnen können, als die außerhalb der Kirche Stehenden? Und was die Naturpredigten anbetrifft, führt die Natur allein den Menschen noch nicht zur Erkenntniß Gottes und der Welt und seiner selbst, zur ganzen Wahrheit, sonst müßten die Indianer, alle Heiden, welche oft in einer schönern, größern Natur leben als wir, längst alle Christen an Bildung und Erkenntniß übertroffen haben. Ist nur die Natur ein Gotteswerk, und die Menschenwelt, die geistige Welt keins? Der Mensch ist mindestens, wie ihn ein berühmter Naturforscher nennt, ein „soziales Thier." Haben wir nicht das Bedürfniß, wenn wir Gott in der Natur erkannt, seine Güte und Herrlichkeit in unsern Herzen und Häusern erfahren, ihm gemeinsam Lob und Dank zu sagen? Der Engländer Farquhar sagt in seiner Sonntagsschrift: „In einem Lande wie das unsrige kann das Christenthum die große Masse des Volkes nur vermittelst der öffentlichen Predigt erreichen. Dem ungebildeten Volke ist die sichtbare Natur blos ein Gemälde, welches das Auge blendet, das Herz aber nicht verändert." Und der Schustermeister John Younger aus dem gleichen Lande: „So verständlich auch die stillschweigende Rede der Außenwelt dem Einzelnen unter uns sein möge, für die Masse der Menschen sind diese Betrachtungen nicht so anziehend, daß die gebieterische Nothwendigkeit, das Evangelium zu predigen, wegfiele. Nur der Hochbegabte, der Phantasiereiche vernimmt „Predigten von den Steinen und lernt Gutes aus allen Dingen." Das Evangelium unsers Erlösers, recht ausgelegt von seinen Dienern, führt unmittelbarer zum Ziel und ist dem Hauptzweck, der fördernden Belehrung und allgemeinen Verständlichkeit angemessener. Für den Arbeiter gleicht kein Gang auf der Oberfläche seiner heimatlichen Erde dem Gang zu dem Ort, da Gottes Ehre wohnt."

Durch die Entheiligung des Sonntags wird der Mensch roher; es gibt eine große Frechheit. Der Sabbath ist ein Zeichen zwischen Gott und den Menschen, ein Zeichen, daß es einen Gott gebe. Wer den Sabbath verachtet, der verachtet Gott, und wer Gott verachtet, der verachtet auch die Menschen. Wer sich vor Gott nicht beugt, der beugt sich auch nicht vor den

Menschen, und vor Menschen müssen wir uns auch beugen. Wir müssen uns vor der Gemeinschaft beugen, vor der Obrigkeit, vor den Eltern, vor dem Alter, vor dem Unglück. Durch die Sonntagsentheiligung entsteht eine große Zuchtlosigkeit. Wer das Sabbathsgesetz übertritt, übertritt leicht auch die andern Gebote. Was ist in den zehn Geboten, in diesem metallenen, aus einem Stück gegossenen, herrlichen Gebot für ein Unterschied zwischen Gesetz und Gesetz? Wer da an Einem rüttelt, der rüttelt am Ganzen. Ist es nicht ein großer Uebelstand, wenn z. B. im Kanton Glarus in jeder kleinsten Gemeinde jeder der drei ersten Vorsteher entscheiden kann, ob am Sonntag gearbeitet werden dürfe oder nicht? Muß das nicht nothwendig höchst schädlich wirken, wenn eine so untergeordnete Behörde, ein einzelner bescheidener Beamter über das vierte Gebot gesetzt ist?

Wenn man mit dem vierten Gebot so leicht umgehen kann, denkt Mancher, warum sollte ich nicht, der ich eine bedeutendere Persönlichkeit bin als so ein einfacher Dorfvorsteher, oder zum mindesten nicht weniger als er, warum sollte ich bei den andern Geboten nicht auch etwas dazu oder davon thun dürfen? Wenn in Nothfällen, in bringenden Fällen, etwa in ganz nassen Sommern zur Seltenheit einmal Sonntagsarbeit gestattet würde, sollte das nur von der obersten höchsten Landesbehörde ausgehen, nicht von jedem beliebigen Dorfvorsteher.

Die Entheiligung des Sonntags führt auch in leiblicher Hinsicht unmittelbar zu großem Verderben. Wenn wir den Sonntag zu einem Tummeltag machen, so folgt daraus, daß wir die neue Woche statt frischer, milder antreten, und weil die menschliche Natur doch nicht alles aushält, dann den Montag zu einer Art Sonntag machen müssen, wenigstens was das Ausruhen und Herumlungern anbetrifft. Wie wir durch tüchtiges Zechen in unserm Hausstande gefördert werden, bedarf keiner Erörterung. Aber wir sind daheim geblieben, haben etwas gearbeitet, viel gearbeitet. Werden wir dann nicht wenigstens in unserm Hausstande gefördert, werden wir dann nicht wenigstens reicher? Vom Sonntagsreichthum habe ich noch nicht viel gehört. Bauern, welche es sich zur Regel gemacht haben, am Sonntag nicht zu arbeiten, sind mit ihrem Heimwesen gerade so gut daran, als die Pfuscher und Mister, die in alle Sonntage hinein arbeiten. „Es ist eine Erfahrungsthatsache, daß diejenigen Gemeinden, in denen keine Feldarbeit des Sonntags vorgenommen wird, mit allen derartigen Arbeiten eher fertig werden, als die, bei denen Sonntagsarbeit üblich ist. Diese ist in der Regel nur bei solchen üblich, in denen Trägheit und Saumseligkeit herrscht; wer denkt, er könne dies und das am Sonntag thun, unterläßt es eben an andern Tagen."*) Auf der Sonntagsarbeit ruht kein Segen. Man lacht über dieses altväterische Wort Segen, und meint, was gewogen und gezählt werden könne, das sei der rechte Segen. Nein, es ist etwas um den Segen. Wenn wir es auch nicht mit Worten sagen können, was Segen und was Unsegen sei, wir wissen es doch. Wir fühlen uns unter einer wohlthuenden oder unheimlichen Macht. Die gleiche Sache mit den gleichen Einsichten und dem gleichen Kraftaufwand — oder richtiger die Einsicht ist nicht gleich und die Kraft ist nicht gleich, wenn wir ein schlechtes oder ein gutes Gewissen haben — gelingt nicht immer gleich. Wir thun das Eine mit Freude, das Andere mit einem bänglichen Gefühl der Eile und großer Verstimmung, wenn wir nur beim Leichtesten anstoßen. Es gibt einen Segen und einen Unsegen. „Wo man Sabbathsarbeit für Brod und Münze eintauscht, da ist sie wie das Geld des Zauberers, der den heiligen Geist kaufen wollte — es wird zu Grunde gehen sammt ihm selbst."**) Ein Advokat von großem Ruf und Talent sagte zu seinem Freunde auf dem Sterbebette: „Sage doch allen jungen Rechtsgelehrten, daß wenn sie Erfolg haben

---

*) Aus Meiningen.
**) John Younger.

wollten, sie den Sonntag nicht zur Arbeit brauchen mögen. Sonntags-Arbeit ist nicht der Weg zu glücklichem Erfolg. Es ist etwas Eigenthümliches um diese Sache. Meine Sonntagsarbeiten sind mir alle mißlungen. Immer kam etwas dazu, was meine Bemühungen fehlschlagen machte." Im Carlsruher Schulseminar darf schon seit 30 Jahren keine Schulaufgabe am Sonntag gemacht werden, was der Anstalt zu großem Segen gereicht.

Das Sonntagsarbeiten ist bei vielen nur Gewohnheit. Wenn man immer etwas geschäfteln will, findet man natürlich auch am Sonntag etwas zu thun, man kann den ganzen Vormittag so mit Nebensachen zubringen, wie es viele Menschen gibt, die einen großen Theil ihres Lebens mit allerhand Kleinigkeiten verlieren. Wenn man will, kann man diese Nebensachen noch in die Werktage einbringen; wenn man will, — es ist nur Gewohnheit — kann man leicht die Stunden für den Gottesdienst freimachen.

Aber wenn man den Sonntag nicht mit Nebensachen zubringt, die man füglich unterlassen könnte, die nichts frommen und nichts nützen, wenn man ernste, wirkliche, gewinnbringende Arbeit thut? Solche Arbeit bringt, abgesehen von dem Obigen, daß kein Segen in der Sonntagsarbeit liegt, schon darum keinen Gewinn, weil es dem Menschen nicht möglich ist, sechs Tage recht zu arbeiten und am siebenten auch wieder recht. Die Kalifornier, die in ihrem ersten Golddurst sieben Tage lang arbeiteten, erkannten bald, daß ein Ruhetag in der Woche nothwendig sei. Allerlei Krankheit und Seuche zeigte ihnen, daß sie statt des Goldes ihr eigenes Grab gruben. Als sie zur Feier des Ruhetages zurückkehrten, stellten sich in kurzer Zeit die wohlthätigen Folgen derselben für Leib und Seele ein. Eine ähnliche Erfahrung, wie oben jener Advokat, spricht der berühmte Rechtsgelehrte Dr. J. Wilson aus. Bei der Explosion eines Dampfschiffes auf der Themse erklärten die Maschinen-

Arbeiter, als sie vor Gericht gestellt wurden, die Schuld liege an ihren Sonntagsarbeiten. Die unausgesetzte ruhelose Arbeit habe sie verstimmt und abgestumpft; es sei ihnen am Ende gleichgültig gewesen, wie die Dinge gehen und was für Schaden aus ihrer Nachlässigkeit entstehe. Im Jahr 1848 kam in England die Sache von mehr als 2000 Arbeitern vor Gericht. Sie hatten mehrere Jahre lang Sonntag und Werktag arbeiten müssen. Dafür erhielten sie den Lohn von 8 (nicht bloß 7) Tagen. Aber die zunehmende Entsittlichung der Leute und die Erschöpfung ihrer leiblichen Kraft brachte endlich die Wirkung hervor, daß Alles schlecht und hinter sich ging. Das Gericht beschränkte die Arbeitszeit auf sechs Wochentage, und es fand sich bald, daß in dieser Zeit mehr und bessere Arbeit geliefert wurde als vorher in 7 Tagen. Ein französischer Marineminister befahl, die Sonntagsarbeiten auf den Schiffswerften der Regierung einzustellen, und gab dabei als Grund an, daß Leute, die am Sonntag nicht ruhen, im Lauf der Woche nicht so viel ausrichteten und daß deshalb die Regierung durch die Sonntagsarbeit verliere. Wilberforce, ein besonders durch seine Bemühungen für die Abschaffung der Negersclaverei berühmter Engländer, erklärte, daß er seine große Ausdauer bei der Arbeit nur der regelmäßigen Beobachtung des Sabbathtages verdanke. Er erinnerte sich beobachtet zu haben, daß einige der kräftigsten Geister seiner Zeit endlich plötzlich dahin sanken und ein trauriges Ende nahmen. Er war überzeugt, daß in einem jeden solchen Fall geistigen Schiffbruchs die wahre Ursache die Vernachlässigung des vierten Gebotes war. Die Engländer sind dieses tüchtige Volk, allerdings weil sie eine kräftige Nahrung genießen, Fleisch und Brod essen; aber ein mächtiger Hebel ihrer geistigen und leiblichen Kraft ist auch ihre strenge Sonntagsfeier.

Wie Sonntagsarbeit namentlich der arbeitenden Bevölkerung keinen Gewinn brächte, sondern wie umgekehrt gerade die

Sonntagsruhe auch in Handel und Wandel nur von Nutzen ist, das hat ein Buchdruckergehülfe in England, John Allan Quinton, sehr schön nachgewiesen. Ich will den ganzen Abschnitt hinsetzen. Wenn er in seinem England von meiner Schrift etwas brauchen kann, so will ich ihm auch das Recht geben, mich auszuplündern.

„Man kann beweisen, daß die Unterlassung aller weltlichen Beschäftigung am Sonntag unmittelbar zum Geldvortheil der arbeitenden Klassen beiträgt. Diese Behauptung wird vielleicht ein augenblickliches Erstaunen erregen bei Solchen, welche die Sache nur mit dem Auge der Lüsternheit und unter dem beherrschenden Einfluß eines habsüchtigen Herzens betrachtet haben. Erwägt man aber die Grundgedanken wohl, welche wir anzugeben im Begriffe sind, so wird man hoffentlich zu einer völligen Ueberzeugung von der Richtigkeit dieses etwas überraschenden Satzes gelangen. — Größerer Deutlichkeit halber theilen wir die arbeitenden Klassen unseres Landes in zwei klar auseinandertretende Zweige, die beiden Hauptströme der Production, welche theils den Wohlstand des Landes befördern, theils die Lebensbedürfnisse der Gesellschaft beschaffen, Gewerbetreibende und Ackerbauende; die erste Klasse begreift die Fabrikarbeiter, die Künstler, die Bearbeiter des Metalls und alle, welche eines der vielen Handwerke treiben, die Geschick erfordern; die zweite Abtheilung umfaßt alle gedungenen Arbeiter, die das Feld bebauen und alle, die mit der Erzeugung von Lebensmitteln beschäftigt sind. Betrachten wir zuerst unsern Gegenstand mit Rücksicht auf Handwerke, durch deren Thätigkeit wir mit allen äußern Bedürfnissen und Luxusgegenständen versehen werden, wie Kleidung, Schmuck, Wohnung, Möbel, Hausgeräthe, endlich Bücher.

„Für die Beschaffung dieser sämmtlichen Gegenstände würde die Hinzufügung des Sonntags zu der festgesetzten Arbeitszeit von Folgen sein, welche diejenigen sehr wünschen müssen, verhindert zu sehen, deren Hände für ihre tägliche Nothdurft arbeiten. Diese Folgen wären vermehrte Production, verminderter Verbrauch, neuer Antrieb zur Konkurrenz, Verminderung des Lohnes. Gelingt es uns zu zeigen, daß diese Folgen die naturgemäße Frucht der Entheiligung des siebenten Tages sind, so haben wir viel erreicht, um so Manchem, der bis jetzt dessen Beobachtung mit Abneigung und mit Sträuben ansah, eine höhere Werthschätzung desselben und ein wärmeres Interesse für ihn abzugewinnen. Können wir die beiden erstgenannten Resultate auf befriedigende Art beweisen, so müssen die beiden letztern, wenigstens in einem übervölkerten Lande wie das unsrige, mit unausweichlicher Nothwendigkeit folgen.

„1. Würde der Sonntag weltlichen Beschäftigungen preisgegeben, so würde die Production vermehrt. Die Erzeugnisse unserer Leistungen auf dem Gebiete der Manufactur würden in dem Maß zunehmen, als die der Arbeit gewidmete Zeit durch weitere Arbeitsstunden verlängert würde. Wir gestehen, diese Annahme ist keineswegs ganz gesichert, sie beruht vielleicht auf einer Täuschung. Aber sollte vielleicht der Arbeiter auch bei vermehrter Arbeitszeit nicht im Stande sein mehr zu leisten? Das würde ja furchtbar gegen das Interesse unserer überladenen Arbeiter sprechen, und einen Zustand der Dinge offenbaren, den der Christ, der Menschenfreund, der Freund des Vaterlandes und der Staatsmann gleichsehr beklagen müßte. Da es aber unsere Absicht ist, auf genannten Einwurf zurückzukommen, müssen wir einstweilen den Satz als richtig annehmen und der gewerbtreibenden Bevölkerung die volle Wohlthat davon zukommen lassen. Wir wollen nun einmal versuchen, die Wahrheit und Gültigkeit desselben anschaulich zu machen. Es ist vollkommen klar, daß unter ganz gleichem Verhältnisse das Ergebniß der Thätigkeit eines Mannes, welcher 6 Tage oder 60 Stunden arbeitet, von dem einer wöchentlichen Arbeit von 7 Tagen oder 70 Stunden um ein Sechstel überboten würde. Führt man diesen Grundsatz in dem ganzen Gebiete der Arbeit durch, so muß das Gesammtergebniß dasselbe sein, wie bei dem einzelnen Arbeiter. Daraus folgt dann, daß der gegenwärtige Betrag der Waaren, welche jährlich aus dem rohen Stoff erzeugt werden, durch Hinwegnahme des Ruhetags um ein Sechstel vermehrt würde — eine Vermehrung, die dem plötzlichen Hinzukommen eines Sechstels neuer Arbeiter gleichkäme. Nun ist unsere Frage in Beziehung auf die arbeitenden Klassen die: würde diese Vermehrung der Produktion ihren Interessen vortheilhaft oder nachtheilig sein? Würde sie deren Wohlstand und Unabhängigkeit befördern, oder zu ihrer Unterdrückung und Knechtung führen? Würde sie auf deren steigende Bereicherung abzielen, oder ihnen auf die Länge einen Mühlstein an den Hals hängen, um sie in die Tiefen des Elends zu versenken? Gewährt dieses ungeheure Uebermaß von Waarenerzeugung eine erfreuliche Aussicht? Haben wir Märkte, die diesem Plan förderlich sind? Oeffnen sich die Häfen des Welthandels unsern Unternehmungen so rasch, daß kein Grund wäre zu fürchten, es möge der Vorrath die Nachfrage übersteigen, es möchten unsere Märkte überführt, unsere Magazine mit Gütern vollgestopft werden, die nicht abzusetzen sind? — Vermehrte Produktion, in welchem Maße es auch sei, könnte zwar nicht von übeln Folgen sein, wenn der Verbrauch im In= oder Ausland gleichen Schritt mit derselben hielte. Deuten die Zeichen der Zeit auf das wahrscheinliche Herannahen solch' eines glücklichen Zustands unsres Handels? Wir glauben nicht; eher wohl das Gegentheil. Ja, so wenig ist dieß jetzt der Fall, daß wir gerade in der entgegengesetzten Lage sind. Unsere Manufakturen liefern bereits mehr, als der Bedarf des Inlandes und die Bestellungen des Auslandes zusammengenommen auf loh=

nende Weise uns abnehmen können. Gerade jetzt sind während einer gewissen Zeit jedes Jahr Tausende von Arbeitern ohne Beschäftigung oder genöthigt, ihre Arbeitsstunden abzukürzen während fort und fort unsre gesammten gesellschaftlichen Zustände von einer Handelskrise erschüttert sind, welche ganze Massen aus ihren Arbeitszellen vertreibt, und sie haufenweise im Lande umherjagt, ein verhungertes Bettlergeschlecht. Die Verweltlichung des siebenten Tages würde diese schrecklichen Uebelstände nur noch erhöhen. Aber das ist noch nicht Alles; sie würde auch führen zu

„2. vermindertem Verbrauch. Vorrathshäuser, vollgestopft mit überflüssigen Waaren auf der einen, sichtbare Abnahme des glücklichen Zustands des Handels auf der andern Seite, gehen gewöhnlich Hand in Hand. Der Ausfall würde in dem angenommenen Falle die Hauptwaaren des Handels betreffen, als da sind Nahrung, Kleidung und Hausrath, und es würde vorzüglich aus beiden Ursachen hervorgehen: erstlich Arbeitslosigkeit ganzer Hunderte von Tausenden von Männern, Weibern und Kindern, deren gewöhnliche Wochenarbeit durch die Arbeit des Sonntags überflüssig würde, und welche deßhalb gar nicht im Stande wären, sich irgend welche Bequemlichkeiten, vielmehr kaum ein paar spärliche Bedürfnisse des Lebens anzuschaffen; und eine zweite Quelle dieses Rückgangs würde sich darin zeigen, daß die arbeitenden Klassen auch selbst weniger nach den Annehmlichkeiten des Lebens verlangten. Ist einmal eine Bevölkerung ihrer Feiertage beraubt, und ist sie durch unaufhörliche Arbeit abgestumpft, dann hat sie wenig Geschmack und noch weniger freie Zeit zur Anschaffung solcher Dinge. Die Ausdehnung der Arbeit über noch einen Tag der Woche würde weder neue Bedürfnisse hervorrufen, noch auch irgend ein Verlangen weiter nach den bereits gefühlten erregen. Es würde dann auch nicht mehr Nahrung verzehrt werden, trotz dem vermehrten Hunger, den die Arbeit machen würde, ist doch auch bei dem sparsameren Armen, der Sonntag ein Tag der Mahlzeiten und der bessern Kost. Die Wohnung würde dann natürlich auch mit keiner reichlicheren Einrichtung prangen, keine geschmackvollen Verzierungen würden im Zimmer herumstehen, wenn die Nachbarn keine Zeit hätten, hereinzukommen, um die Nettigkeit des Häuschens zu bewundern. Ach wie bald würde bei solchen Umständen aller Stolz der Hausfrauen hinweg sein! Nichts als die ärmlichsten Geräthe würden noch die Nacktheit des Wohnhauses mildern. Und dann würden auch natürlich nicht mehr Kleider angeschafft. Im Gegentheil, Alles, was die Leute noch bestimmen könnte, sich schönere und theurere Kleider zu verschaffen, würde wegfallen. Wie viele Millionen würden dann nie ihre Kleider wechseln, die ihnen ja für die grobe Arbeit des Lebens gerade die hinreichenden Dienste thäten! Es ist gar nicht zu berechnen, welch' einen großen Theil ihres Wohlstandes die arbeitenden Klassen den Sonntagskleidern verdanken, welche von den Millionen der Gewerbtreibenden getragen werden. Nehmen wir die vielen Hände in Betracht, die bei der Bereitung und Verfeinerung der Zeuge, aus welchen sie gefertigt werden, bei der Versendung und dem Verkauf derselben über die ganze Länge und Breite des Landes, und mit unzähligen Nadelstichen bei der Bearbeitung derselben zu geschmackvollen und hübschen Anzügen beschäftigt sind, und wir haben eine Vorstellung davon, welch' eine Menge Leute ihren Unterhalt allein aus dieser Quelle schöpfen muß.

„Vielleicht macht man gegen diese Betrachtung geltend, die niedern Klassen würden, wenn sie sich auch keine Anzüge für den Sonntag anschafften, sich doch für andre Anlässe deren zu verschaffen suchen. Dies würde ohne Zweifel bei den bessern Klassen der Handwerker bis auf einen gewissen Grad der Fall sein, und dennoch, fürchten wir, würde dabei in der Nachfrage nach Gegenständen andrer Art eine empfindliche Abnahme übrig bleiben. Denn man sollte nicht vergessen, daß bei ganzen Massen die sonntägliche Kleidung schon dem Stoffe nach ganz verschieden ist von den Kleidern, die sie ihrer verschiedenen Beschäftigung nach nöthig haben. Ob diese Festtagskleider zum Theil aus Prunksucht getragen werden, darüber haben wir hier nicht zu verhandeln; wir haben die Sache hier nur als eine mehr oder minder bedeutende Förderung oder Hemmung der Blüthe des Handels zu betrachten, als eine Geldsache, in ihrer Beziehung auf die Lage der arbeitenden Klassen. Und so betrachtet, würde der verminderte Verbrauch obiger Hauptwaaren viele Tausende gewerbtreibender Familien in Noth bringen, und furchtbar auf die Begehrlichkeit des Menschen zurückwirken.

„3. Aus dem Ueberfluß der Waaren und der abnehmenden Nachfrage muß vermehrte Concurrenz und Minderung des Lohns folgen. Wird weniger Arbeit verlangt, mehrt sich die Zahl der Arbeitsleute, nimmt die Arbeitszeit um ein Sechstel zu, dann entsteht nothwendig ein eifrigerer Wettstreit unter denjenigen, die nichts besitzen, als ihre Hände und ihre Gesundheit, nichts um ihren Unterhalt und die Nahrung ihrer Familien beizuschaffen, außer ihrem Geschick und ihrer Thätigkeit. Leute in solchen Umständen müßten, um vom Tisch der Natur ein paar Brosamen zu erhaschen, verzweifelt mit ihren Handwerksgenossen ringen, und einander auf ein solches Minimum von Lohn herunterbringen, daß es kaum für ihre dringendsten Bedürfnisse ausreichen würde. Bei einem Pferderennen, in welchem nicht alle Betheiligten Aussicht hätten, den Preis zu gewinnen, würde jeder mit allen möglichen Wagnissen darnach streben, selbst der glückliche Bewerber zu sein; da gilts dann: Haut um Haut, ja Alles, was man hat, dahingeben, um zu leben. Stürmen solche Uebelstände auf die Volkswirthschaft ein, dann ist's ganz unmöglich, die Löhnung auf einer angemessenen Höhe zu erhalten. Da sinken die Armen immer tiefer und tiefer bis zum äußersten Mangel und Elend.

„Wäre die Abschaffung der Sonntagsruhe nicht von den besagten Folgen begleitet, dann geschähe dies in Folge zweier Umstände, nämlich des Umstands, daß eine siebentägige ununterbrochene Arbeit nicht mehr Waaren zu Tage fördert, als eine sechstägige, der Ein Ruhetag folgt — denn man muß bedenken, daß die Zeit nur Eines von den mancherlei Elementen ist, aus denen wirksame und fruchtbare Arbeit hervorgeht, und Frische der Glieder, Schwungkraft des Geistes und fröhliches Gefühl der Freiheit fast ebenso wesentlich sind — sodann in Folge des Umstands, daß die Sterblichkeit unsres Geschlechts durch dies aufreibende Verfahren bis zu dem schrecklichen Grad steigen würde, daß die überflüssigen Arbeitskräfte immer wieder gemindert, und so die Märkte niemals allzusehr überführt würden. Wir überlassen es den Freunden der Abschaffung des Sabbaths, zu entscheiden, welche von beiden möglichen Ursachen sie wählen wollen.

„Aber nun haben wir ein paar Worte rücksichtlich der Beziehung unsrer Frage auf die ackerbauenden Einwohner unsres Landes zu richten. Bei dem mächtigen Ueberhandnehmen der ländlichen Bevölkerung, bei der außerordentlichen Uebersetztheit aller Handarbeit, bei der Einführung des Maschinenwesens ist die Löhnung dieser großen Abtheilung unsrer Arbeitsgenossen bereits so heruntergedrückt worden, daß ihnen beinahe nichts als der Hunger übrig bleibt. Aber so jammervoll ihre Lage jetzt ist, sie würde noch schauderhafter, wenn man die Arbeit auf sieben Tage ausdehnte. Ein Sechstel der jetzt gedungenen Arbeitsleute würde dann ohne Weiteres von Grund und Boden vertrieben, in die größeren Städte einquartiert und zu andern Beschäftigungen geschleppt; oder nachdem ihre eifrigsten Bemühungen, sich auf solche Weise einen neuen Heerd zu gründen, zu keinem Ziel geführt, indem es ihnen an ordentlicher Arbeit fehlte, würden sie genöthigt, den Bettelstab zu ergreifen, wo sie nicht gar durch den Druck der Noth unter dem Einfluß ihres überreizten Gemüths zu Verbrechen verleitet würden, welche ihnen alle ihre Tage verbittern und die einst so glänzende Aussicht ihrer künftigen ewigen Seligkeit verfinstern würden; während zugleich diejenigen, welche ihre mühevolle Feldarbeit fortsetzten, bald die Entdeckung machen würden, daß die elende Summe, für welche man ihren Schweiß und ihre Kraft abschätzte, in keinen Vergleich käme mit ihrer vermehrten Aufgabe: sie würden dasselbe Spottgeld für die siebentägige Arbeit bekommen, wie vorher für die sechstägige; denn viele ihrer Unterdrücker würden gar nicht fragen, welche Vergütung ihre harten Dienste verdienen, sondern mit wie wenig Nahrung die armen Kinder des Bodens arbeiten und leben können.

„Obige Betrachtungen machen klar, daß wir die Sonntagsarbeit für die Unternehmungen des Handels, der Fabrikation und des Ackerbaues durchaus nicht bedürfen, und daß es offenbar das pekuniäre Interesse der arbeitenden Klassen ist, allen Zumuthungen unnöthiger Arbeit auf diesen Tag bis aufs Aeußerste Widerstand zu leisten. Bieten sie freiwillig ihre Dienste dar, sei es nun aus Verachtung des Tages, oder aus Verlangen nach ungeheiligtem Gewinn, oder mit Begünstigung der Unterjochung ihrer Genossen, dann kämpfen sie gegen sich selbst und bohren ihrem eignen Wohlstand den Dolch ins Herz. Möge sich doch lieber die ganze Gemeinde der Arbeitenden einmüthig erheben, um jedem tückischen Angriff entgegenzutreten, der den freien Kreaturen Gottes diese magna charta ihrer Rechte entwinden will!"

III.
Urſachen der ſchlechten Sonntagsfeier.

Eine Haupturſache der ſchlechten Sonntagsfeier iſt die Trägheit, die Leerheit, die am Morgen nicht aufſtehen mag, ſich nicht ankleiden, den Gang zur Kirche nicht machen, die da denkt: die Kirche verläuft mir nicht, ſie ſteht feſt im Dorfe und wenn ich ſterbe, komme ich doch auf den Friedhof und hält mir der Pfarrer eine Predigt, wie's mir jetzt ſo wohl ſei. „Schlafe, was willſt du mehr!"

Gegen dieſe Trägheit wird Belehrung nicht viel ausrichten. Ich wende mich daher zu einer andern Urſache, gegen welche mehr anzufangen ſein ſollte. Es iſt die **mangelhafte Einſicht in den Segen, in das Wohlthätige der Sonntagseinrichtung**; ſodann bei Andern **übergroßer Verſtand**, der die Unterſcheidung in je ſechs Werktage und einen Ruhetag, die Unterſcheidung in einen vorzugsweiſen Gebetstag und ſechs überwiegende Arbeitstage für zu formell und äußerlich hält. Mit Maß arbeiten alle Tage und alle Tage etwas ruhen, alle Tage etwas arbeiten und alle Tage ein wenig fromm ſein, ſei vernünftiger. Das ſei Weisheit für einen gebildeten Mann des neunzehnten Jahrhunderts; das andere ſei einfältiges Formenweſen, altes Weiberzeug, gut für Kinder, aber nicht für erwachſene Männer. Wir wollen auf dieſes alte Weiberzeug an einem andern Ort antworten und wenden uns zu einer dritten Urſache.

Die Sonntagsfeier iſt zerfallen, weil der **Glaube** zerfallen iſt. Man geht z. B. nicht in die Kirche allerdings aus Trägheit, ſodann weil manche Pfarrer vieles zu wünſchen übrig laſſen, das ſie bei größerer Treue und größerm Fleiße wegbrächten; endlich weil viele an die Pfarrer die übertriebenſten Anforderungen ſtellen. Während man ſonſt in der ganzen Welt mit den Steinen mauern muß, die man hat, mit allerhand Aerzten, Offizieren, Staatsmännern vorlieb nehmen muß, sollten alle Pfarrer Cicerone und Demosthenesse sein. Zum Gottesdienst geht man aber zum großen Theil nicht, weil man nicht mehr glaubt, was im Gottesdienste vorgeht. „Ich glaube, darum rede ich;" ich glaube, darum gehe ich zur Kirche; ich glaube nicht, darum gehe ich nicht zur Kirche.

Der Glaube ist zerfallen. Man glaubt nicht mehr so allgemein und herzlich an den Gott der Bibel, der wie ein menschlicher Vater über seiner Haushaltung, über der weiten großen Welt vorsehend und liebend waltet und regiert, der die Welt gemacht hat wie ein Künstler sein Kunstwerk, über der Welt steht, sie ordnet und führt wie er es gerade will. Es sind gar allerhand Vorstellungen von Gott aufgekommen, man hat ihn sehr in Gesetze eingespannt, man hat ihn sehr in die Natur gebracht. Es ist prächtig geworden, aber kühl.

Auch für die, welche den Sonntag feiern als Auferstehungstag Jesu, ist große Noth entstanden; denn auch über den Herrn Jesum ist der Glaube vielfach ein anderer geworden.

Der alte Glaube ist aber auch noch in einer andern Hinsicht zerfallen. Wo man auch an den lebendigen Gott glaubt, der über der Welt steht, glaubt man doch nicht mehr, daß dieser Gott die Welt in sechs Tagen erschaffen und wie ein Mensch am siebenten geruht habe. Die Naturforscher versichern ganz bestimmt — und gegen diese die Ohren mit den Händen zuschließen wollen, wäre keine geringe Thorheit — daß die Welt unendlich viel älter sei, ungezählte Jahrtausende, als wir gewöhnliche Menschen meinen, sodann sei sie nicht in sechs Tagen erschaffen worden; die Beschaffenheit, welche ihr die Bibel schon auf den sechsten Tag beilege, habe sie erst in Perioden von Tausenden von Jahren erhalten. Viele wollen hier helfen. Sie sagen: wir seien nicht gezwungen, bei den sechs Tagen des Schöpfungsberichtes an unsere gewöhnlichen 24stündigen Tage zu denken, das können Perioden sein wie oben bei den Naturforschern von Jahrtausenden. Eine erbärmlichere Flickerei noch keine aufgekommen seit die Welt steht! Meinen sie denn, diese Gottesmänner, Moses, Samuel oder wer diesen Bericht geschrieben, seien orthodoxe Männlein gewesen, die gezittert hätten für den Bestand der Welt, wenn ihr Glaube nicht jedem Thoren oder Witzling eingeleuchtet? Diese Männer brachen in härenem Gewand aus den Wäldern hervor und verkündeten den Königen: „Du bist der Mann!" Das waren nicht Hoftheologen, welche jede Laune von Willkürherrschern als Gottesgnadenthum priesen. Nein, wer den Bericht, Gott Himmel und Erde in sechs Tagen erschaffen und am siebenten geruht habe, nicht glauben kann so wie er ist, der lasse ihn einfach und künstle nicht an ihm herum.

Der alte Glaube ist zerfallen und mit ihm der Sonntag. Denn wenn das Alles nicht wahr ist oder nicht so, wie man es uns sagte, so sind wir Meister über den Sonntag, können ihn halten oder nicht, oder halten, wie wir wollen. Denn schon um des Segens willen, der im Sonntag liegt, ihn zu halten, ist nicht Jedermanns Sache. Viele fürchten nur die göttlichen Strafgerichte jenseits des Grabes, und wenn ihnen ein Thürchen gezeigt wird, daß es dort so furchtbar und flammend nicht sei wie sie bisher gemeint, so ist ihnen: jetzt dürfen sie's treiben so verkehrt als sie wollen. Sie achten es nicht, wenn sie dadurch so elend werden, daß sie der höllischen Strafe gar nicht mehr bedürfen. Wenn sie mit zwanzig und dreißig Jahren dahin siechen, wo sie siebenzig und achtzig Jahre alt werden und glücklich sein könnten, hat das für sie gar nichts zu bedeuten, wenn sie nur der ewigen Verdammniß los sind. Die Thoren, was wollen sie sich wegen der ewigen Verdammniß bekümmern, da sie für dieselbe so vorgesorgt haben, so voll Reue und Scham aus dieser Welt abscheiden müssen!

Der alte Glaube ist zerfallen und ein neuer allgemeiner,

fester ist noch nicht aufgekommen. Wir leben in einer angefressenen Zeit.

Eine Haupturfache der schlechten Sonntagsfeier ist der **Materialismus.** Wie weit er am alten Glauben gerüttelt oder aus Unglauben hervorgegangen, überhaupt wie diese und folgende Ursachen mit einander zusammen hängen, das wolle der geneigte Leser selber ausmachen; wir stellen hier die Ursachen nur zusammen. Die Sonntagsfeier ist etwas Ideales; unsere Zeit ist eine materielle. In frühern Zeiten gab es noch Leute, wenn es am Samstag um 3 Uhr dem kommenden Sonntag einläutete, räumten sie ihre Werkstätte, beendigten ihre Geschäfte und gingen um 4 Uhr in das Abendgebet. Das hat etwas Mährchenhaftes für uns, obschon uns noch keine fünfzig Jahre von jener Zeit trennen. Aber es war doch etwas Schönes; solche Leute führten ein schöneres Leben als wir, die wir in alle Nacht hinein haften, ja noch den Sonntag Morgen zur Arbeit benutzen. Es war etwas Festliches. Solche Menschen kamen eher als wir zur Besinnung darüber, daß der Mensch nicht davon lebe, daß er viele Güter habe; kamen mehr zur Besinnung über sich selbst und daß der Mensch ein Geist sei und eine unsterbliche Seele habe. Familienleben, Freundschaft, gute Nachbarschaft kamen mehr zur Geltung als bei uns. Wir rennen aneinander vorbei und kennen einander nicht; haben nicht Zeit einander anzusehen, denn wir haben alle Taschen voll Geschäfte. Etwas mehr Weile, etwas mehr feiern, die Welt und Gott und sich selbst mehr betrachten, in dieser Welt auch zu einem ruhigen, schönen Bewußtsein über sich selbst, zu einem reinen seligen Genießen zu kommen, thäte uns sehr Noth. Von den ganz Armen will ich nicht reden. Da gebietet die Noth gar viel. Aber auch die besser Gestellten eilen und rennen so schnell aneinander vorüber. Ihr werdet sagen: Alle Welt thut das; man treibt einander so; einer spornt den Andern. Mag sein. Aber alle thun wir's zu unserm eigenen Schaden. „Die göttliche Ruhe, mit der Phidias seinen Zeus meißelte, langsam Großes vollendend, ist entflohen und das Schnauben der Dampfmaschine gibt den Takt zu der Hetzjagd, in der jetzt das Kind durch die Schulen, der Jüngling durch alle möglichen Wissenschaften, der Mann durchs Leben getrieben wird. An die Stelle der klassischen Vollendung ist geistige Unersättlichkeit getreten und eine habsüchtige Methode, die Alles verdirbt" *). „Unsere Generation hat zu viel Nerven und zu wenig Nerv. Das Leben ist jetzt ganz schön; es hat nur einen Hauptfehler: es ist zu kostspielig geworden; um den täglich steigenden Ansprüchen zu genügen, ist eine in das Gebiet der schädlich wirkenden Potenzen eintretende Anstrengung aller Kräfte, besonders der geistigen erforderlich; die Hast und die Ueberbürdung mit Arbeit fängt schon bei unserer Jugend an; ihr Gehirn wird so überfüllt, daß, wenn dasselbe nicht besonders geräumig ist, gar kein Platz mehr für den gesunden Menschenverstand übrig bleibt — daher die große Masse der Mittelmäßigkeit in allen Lebensrichtungen und noch dazu auf Kosten der Gesundheit." **) Sollte Niemand sein, der diesem Strome entgegen treten, der etwas weniger arbeiten, erhasten und erjagen möchte und mehr Mensch werden, und in unserm Fall um 4 Uhr nicht in's Abendgebet gehen, wenn ihm diese Form nicht mehr zusagte, aber doch um 3 Uhr aufhörte zu arbeiten, aufräumte, feierte, in irgend einer Weise dem Idealen lebte, daß der Samstagsfriede, die Ruhe des Sonnabends bereits bei ihm einzöge und Ruhe und Friede rings um ihn verbreitete?

Die Sonntagsfeier ist etwas Ideales; unsere Zeit ist eine materielle. Der wissenschaftliche Materialismus, der Nichtglaube an die gewöhnlich sogenannten überirdischen Dinge, Auferstehung, Engel, Geist, „denn die Sadducäer sagen, es sei keine Auferstehung, noch Engel, noch Geist," führt nicht noth-

---
*) St. Galler Tagblatt Nro. 117, 1862.
**) Dr. A. H. Lauer in Berlin.

wendig zum Essen und Trinken. Es hat Materialisten gegeben und gibt noch, die an Nüchternheit, Ehrbarkeit, Rechtschaffenheit, Wahrheit, Liebe, Treue manchen bibelfesten Fresser und Säufer weit hinter sich lassen. Aber zur Sonntagsfeier, deren Hauptstück der Gottesdienst ist, führt der wissenschaftliche Materialismus oder der Materialismus des Gedankens und der Anschauung nicht. Und der rohe Materialismus, der gut Essen und Trinken, den leiblichen Genuß, das Handgreifliche für das Höchste hält und das Gemüthliche, Freundschaftliche, Nachbarliche, Vaterländische, Ideale, Religiöse erst in die zweite und dritte Linie stellt, noch weniger.

Eine weitere Schuld an der Abnahme des Sonntags haben die **großen Dinge der Neuzeit**. Neuigkeiten hat es in der Welt immer gegeben, aber doch mit Unterschied. Die Wissenschaften, namentlich die Naturwissenschaften haben in den letzten Zeiten einen Aufschwung genommen, wie ein ähnlicher in der Geschichte nicht häufig vorkommt; Entdeckungen und Erfindungen von einer praktischen Bedeutung sind gemacht worden, wie sie in ähnlichem Maße gewiß nicht zu allen Zeiten gemacht werden. Es wird wieder geben, wie es auch schon gegeben hat, ruhigere Zeiten, verarbeitende, ausarbeitende, im Kleinern gestaltende Zeiten, ein stilleres Fortarbeiten der Wissenschaft, das nicht an alle Landstraßen Stangen aufstellt. Diese neuen Dinge, abgesehen davon, daß die Wissenschaften Manches aus dem alten Kirchenglauben wegrütteln mußten, haben die Blicke der Menschen abgezogen von dem Alten, Gewohnten; es ist eine neue Welt entstanden. Diese Prachtbauten, was sind an manchen Orten die Kirchen dagegen! Früher waren die Kirchen in den meisten Städten, aber namentlich auf dem Lande die schönsten, hervorragendsten Gebäude. Sie sind vielfach überholt worden von den Tempeln der Wissenschaft, der Kunst, der technischen Gewerbe, überhaupt den Dingen der Neuzeit. In Murg am Wallenstadtersee ist das graue Kirchlein sammt dem Thurme viel niedriger als die große glänzende Spinnfabrik. Diese Eisenbahnen, Dampfwagen, die durch die Welt schnauben, was sind dagegen Moses und die Propheten! Betet jetzt, ihr Pfarrer, euere alten Gebete, wir haben da draußen andere Dinge! Mit euerem Geheimnißvollen, Mystischen kommt ihr uns jetzt nicht mehr; da ist Klarheit, da ist Maß, da ist Gesetz! Die Größe, die Weiße dieser neuen Dinge hat die warmen Farben des Gemüthes, des Innenlebens überfluthet. Es wird aber schon besser kommen. Wenn die Sonne weicht, tritt das Sternenheer am Himmel auf. Wir werden uns durch diese Weiße, durch diesen Glanz nicht immer blenden lassen, sondern neben ihnen vorbei, wieder in den alten blauen Himmel mit allen seinen Herrlichkeiten schauen.

Nicht als eine Haupturfache der schwachen Sonntagsheiligung aber doch als etwas Wünschenswerthes möchte ich es anführen, wenn in Bezug auf die Begründung des Sonntags mehr Einheit herrschte und das vielerlei Schwanken nicht vorkäme. Man schwankt darüber: soll man den Sonntag feiern als siebenten Tag der Woche nach dem alten Testament und vierten Gebot, weil Gott an diesem Tage von seiner Arbeit geruht, oder als ersten Wochentag, weil der Herr Jesus an diesem Tag von den Todten auferstanden ist. In frühern Zeiten, da die Auferstehung Jesu den Christen viel näher und lebendiger und als Hauptsache vor den Augen stand, hatte diese doppelte Begründung des Sonntags weniger zu bedeuten. Jetzt wäre es wünschenswerther, daß darüber Einheit herrschte, und Einheit herrscht keine. Die Kirchenlehre hält an dem Sonntag fest als dem Auferstehungstage Jesu; das Kirchengebet gedenkt des Sonntags als des Auferstehungstages Jesu. Aber das Leben, das Volk, wenigstens in unserer reformirten Kirche, geht hier wider die Lehre. Im Volk herrscht die Ueberzeugung vor: wir feiern den Sonntag, weil an diesem Tag Gott von seinem Erschaffen Himmels und Erde geruht hat.

Wie kamen die Christen dazu, vom vierten Gebot abzuweichen und eine neue Sonntagsfeier einzuführen?

Unser Herr Jesus feierte den jüdischen Sabbath, die Jünger auch und die Christen alle, welche aus dem Judenthum zum Christenthum übertraten. Und wenn man damals Alte Testamente gehabt hätte wie jetzt, daß man für zwei Franken eine schöne gebundene Bibel bekommen hätte und Katechismen, in denen die heiligen zehn Gebote gestanden, hätten gewiß auch die Christen, die aus den Heiden kamen, den jüdischen Sabbath gehalten. Denn mindestens hätte man ihnen einen solchen Katechismus mit den heiligen zehn Geboten gegeben und zu ihnen gesprochen: Sehet, das sind die heiligen zehn Gebote, die hat Moses, ein treuer Knecht Gottes, den auch unser Herr Jesus in großen Ehren hielt, dem jüdischen Volke gegeben. Diese heiligen zehn Gebote sind die schönsten, die es gibt; der Herr Jesus hat sie auch gehalten, ja nicht bloß gehalten, sondern noch tiefer ausgelegt. Seht seine Auslegung steht dabei, sie ist noch schöner als die Auslegung Luthers. Haltet diese Gebote und feiert nach ihnen den Sabbath des Herrn wie der Herr Jesus ihn auch gefeiert hat.

Aber so war es eben nicht. Alte Testamente wie jetzt gab es nicht, Katechismen auch nicht, daß man bei jedem Buchbinder für 30 Rappen einen hätte kaufen können. Was wußten die Heiden vom Alten Testament? Und mehr Christen kamen aus den Heiden als von den Juden. Wir alle sind von den Heiden gekommen, trotzdem, daß manche gern von den Juden abstammten; namentlich gäbe der ehrwürdige Löhe, wie man sagt, viel dafür, wenn jüdisches Blut in seinen Adern rollte. Was wußten die Heiden von dem Alten Testamente, das vielleicht in Jerusalem in einer staubigen Rolle verborgen war? Und es kamen immer mehr Heiden zu dem Christenthum. Da waren die Apostel und Apostelschüler in großer Verlegenheit, was sie den Heiden-Christen aufgeben wollten, das sie vom Alten Testament halten sollten. Sie fühlten wohl, daß bei diesem großen Andrang, der jetzt kam, nicht genug Zeit wäre, alles sorgfältig auszulegen, daß man das Alte Testament erklären und eine Summe daraus ziehen könnte. Da beschlossen sie in der Geschwindigkeit: sie wollten den Heiden nur vier Stücke aufgeben. Sie sollten sich enthalten von Unsauberkeit der Abgötter und von Hurerei und vom Erstickten und vom Blut, und dabei sich auf die Hauptsache werfen, auf Jesum Christum. Der sei jetzt ihr Höchstes und Größtes, ihre Erlösung, und wenn sie wissen wollten, wie sie wandeln möchten, um ihre Freude und ihren Dank zu bezeugen, so sollen sie nur auf ihn sehen; der sei jetzt ihr leuchtendes Vorbild und lebendiges Gesetz. „Und es dauchte gut die Apostel und Aeltesten, sammt der ganzen Gemeine, aus ihnen Männer zu erwählen, und zu senden gen Antiochien, mit Paulo und Barnaba, nämlich Judam, mit dem Zunamen Barsabas, und Silan, welche Männer Lehrer waren unter den Brüdern. Und sie gaben Schrift in ihre Hand, also: Wir die Apostel und Aeltesten und Brüder, wünschen Heil den Brüdern aus den Heiden, die zu Antiochia und Syria und Cilicia sind. Dieweil wir gehöret haben, daß etliche von den Unsern sind ausgegangen, und haben euch mit Lehren irre gemacht, und euere Seelen zerrüttet, und sagen, ihr sollt euch beschneiden lassen und das Gesetz halten, welchen wir nichts befohlen haben: hat es uns gut gedaucht, einmüthiglich versammelt, Männer zu erwählen und zu euch zu senden, mit unsern Liebsten, Barnaba und Paulo; welche Menschen ihre Seelen dargegeben haben für den Namen unsres Herrn Jesu Christi. So haben wir gesandt Judam und Silan, welche euch mit Worten dasselbige verkündigen werden. Denn es gefällt dem heiligen Geist und uns, euch keine Beschwerung mehr aufzulegen, denn nur diese nöthigen Stücke: daß ihr euch enthaltet vom Götzenopfer, und vom Blut, und vom Erstickten, und von Hurerei; von welchen, so ihr euch enthaltet, thut ihr recht. Gehabt euch wohl!*) So wurde den Heiden-Christen nicht befohlen, das vierte Gebot vom Sabbath zu halten. Die Heiden-Christen hielten sich an Jesum. Von Jesu war das Wichtigste die Auferstehung. Die Christen feierten alle Tage, feierten alle Tage die Auferstehung. „Sie waren täglich und stets bei einander einmüthig im Tempel, und brachen das Brod hin und her in Häusern; nahmen die Speise und lobten Gott mit Freuden und einfältigem Herzen, und hatten Gnade bei dem ganzen Volk." Die ersten Christen hielten alle Tage heilig, lebten überhaupt ganz anders als wir. Sie lebten ganz von der Religion. Sie waren aus Angst zu großer Ruhe gekommen, aus verachteten Klassen, aus Heiden Gottes Volk geworden, aus Irrthum und Wahn zu schöner herrlicher Erleuchtung geführt; sie waren ein seliges Volk. Sie feierten aber alle Tage nicht blos aus solcher Freudenfülle heraus: sie standen im Glauben, daß der Herr Jesus bald wiederkommen werde; viele von ihnen würden es noch erleben. Da war es natürlich, daß sie anders lebten als wir, daß sie alle Tage Sonntag hatten. Wir würden auch noch aufhören zu arbeiten, würden auch alle Tage in die Kirche gehen, wenn wir glaubten, der Herr Jesus würde bald kommen und dann werde diese Erde aufhören und eine neue Erde und ein neuer Himmel beginnen. Das Beten und die Vorbereitung würde zur Hauptsache, und wir arbeiteten nur noch so viel als wir gerade nöthig hätten.

Jesus erschien nicht. Die Erwartung zog sich immer mehr in die Länge, wurde immer schwächer; die natürliche Auffassung und Betreibung des Lebens kam immer mehr hervor; die Christen wurden immer mehr natürliche und gewöhnliche Menschen, und damit wurden es auch die Verhältnisse. Das Arbeiten wurde wichtiger; die Wocheneintheilung von je sieben

---

*) Apostelgesch. 15, 22—30.

Tagen, welche die Juden hatten, machte sich geltend. Man feierte nicht mehr alle Tage gleich heilig; Jesu Auferstehung war das Wichtigste für die Christen; d e r bestimmte Tag der Woche, an welchem Jesus auferstanden, wurde als der besondere Auferstehungstag gefeiert, wurde der Festtag der Woche, der Sonntag. Als dann das Christenthum vollends im römischen Reiche Staatsreligion geworden war durch einen h e i d e n christlichen Kaiser und in h e i d e n christlichen Landen, da erlosch vollends alle Spur vom jüdischen Sabbath und der erste Wochentag wurde der christliche Sonntag.

Was sollen wir nun thun, die wir die Fortsetzer, die Söhne dieser Heiden-Christen sind, in dieser Entwicklung des christlichen Sonntags aus dem jüdischen Sabbath stehen?

Wenn wir wie diese Heiden-Christen nichts vom Alten Testamente wüßten, wenn auch für uns wie für die ersten Christen die Auferstehung Jesu als unser Höchstes und Größtes in ihrem ersten Glanze vor uns stände, wenn die erste Liebe, die erste Begeisterung noch da wäre, so würde natürlich Niemand einfallen, an der Begründung der Sonntagsfeier etwas zu ändern, einen plötzlichen gewaltsamen Unterbruch in dieser Entwicklung zu machen. Aber dem ist eben nicht so. Wir kennen das Alte Testament, haben es neben das Neue aufgenommen; wir haben die heiligen Zehn Gebote, legen sie dem Jugendunterrichte zu Grunde, sie sind, wie sehr man auch von einer höhern Sittlichkeit redet, wie sehr man über sie hinausstrebt, doch die Grundlage der Sittlichkeit unsers Volkes, sie leben im Volke. Wir kennen jetzt die Verhältnisse, wissen wie nur nach und nach der ursprüngliche Sabbath in der christlichen Kirche auf die Seite kam, wir überschauen das Ganze und könnten jetzt eine That der Berichtigung vollziehen, an das Ursprüngliche, das wir kennen, wieder anknüpfen. Die Auferstehung Jesu steht nicht mehr so als das Einzige und alles Ueberstrahlende vor uns wie zur Zeit der ersten Christen und in noch spätern Jahrhunderten. Das **Leben Jesu**, das **Sittliche**, das **Menschliche**, das wir in der reinsten Vollendung in ihm schauen, dem wir nachzustreben haben, hat mindestens eine eben so große Bedeutung für uns gewonnen. Jesu Auferstehung sollten wir als schönstes Fest an **Ostern** feiern, aber den Sonntag seiner ursprünglichen Bedeutung zurückgeben und feiern nach dem vierten Gebot als siebenten und Ruhetag Gottes. Damit wären wir über manche Schwierigkeit, Künstelei und Schwankung hinaus. Für mich wenigstens ist's immer ein Stein im Wege, wenn ich in der Unterweisung das vierte Gebot erklären muß und dann die Abweichung, die in der Wirklichkeit statt findet, berühren. In der Unterweisung mache ich natürlich kein Weites und Breites davon. Was hülfe es, wenn ich in einer Dorfgemeinde mit meinen, wie sie vielleicht viele belächeln werden, doktrinären Ansichten viel Aufhebens machte? Aber in einer Abhandlung, zu weiterer Anregung und Besprechung empfohlen, könnte ich über diesen Punkt nicht so leicht wegschlüpfen, wie es viele können. Prächtige Sonntagsschriften wie die der englischen Arbeiter fertigen in ihrem Anfang das vierte Gebot kurz ab als einen Theil des für Christen nicht mehr verbindlichen Ceremonialgesetzes, und dann hintennach im ganzen Verlauf ihrer Abhandlungen berufen sie sich auf dieses vierte Gebot als auf die Begründung des Sonntags, als ein ewig gültiges Sittengebot, das an Bedeutung dem fünften und andern ganz gleich komme. Sie stützen alle ihre Sätze auf dieses sechstägige Arbeiten und eintägige Ruhen Gottes. Das ist nicht recht. Auch die Vorrede von Ebrard in Oschwald's Preisschrift sagt: „Von wo an die Reihe der je sieben und wieder sieben Tage gerechnet werde, das ist **unwesentlich**; denn vor Gott sind alle Tage gleich, und es ist, an sich betrachtet, ganz einerlei, **welcher** Tag in der Woche dem Dienste des Herrn gewidmet werde; während es dagegen nicht einerlei, sondern im höchsten Grade wesentlich ist, daß auf je sechs

Arbeitstage je ein Ruhetag falle. (Wesentlich ist das Verhältniß 6 : 1, unwesentlich der terminus a quo der Reihe.)" Das ist zu wohlfeil mit Gottes Geboten umgegangen. In einem Gebot, das von Zahlen redet, das so formell ist, kommt es auf die Zählung, kommt es auf die Form allerdings an, und wenn es heißt am siebenten Tage sollen wir ruhen, so heißt das nicht, am ersten, und wenn es heißt, an diesem Tag sollst du ruhen, weil Gott von seinen Werken geruht, so dürfen wir nicht an diese Stelle setzen: weil Jesus von den Todten auferstanden. Man sagt, und noch vieles andere, „damit sei erst die geistige Weltschöpfung recht vollendet gewesen." Das mag alles wahr sein, aber wir dürfen es nicht in das vierte Gebot hineintragen. Haben wir ferner die Woche vom Judenthum her, so wollen wir auch das Ganze der Woche, die Zählung und Bedeutung der Woche vom Judenthum her. Das wäre zugleich ein neues schönes Band mit dem Judenthum mehr.

Mit der alten Sabbathsfeier bekämen wir die heiligen Zehn Gebote, dieses schöne, herrliche Stück wieder ganz und unversehrt, müßten keine Künsteleien und Flickereien anwenden. Und ein schönes, prächtiges Stück ist das Zehn Gebot. Wenn Hr. Professor Auberlen sagt: „Die christliche Sittenlehre ist gar nichts Anderes, als das neue Leben, welches der Auferstandene durch seinen heiligen Geist uns mittheilt, so mag das insofern wahr sein, als es das Ziel alles christlichen Lebens und Strebens ist, in und mit Christo dem Auferstandenen und Verherrlichten zu leben. Als erzieherisches Mittel für die Jugend und das Volk brauchen wir die heiligen Zehn Gebote, ein großer Theil des Volkes, der größte wird in der Wirklichkeit zeitlebens auf der Stufe der heiligen Zehn Gebote bleiben und wäre es nur Gottes Wille, daß wir alle dahin kämen! Kurz die heiligen Zehn Gebote brauchen wir und werden sie immer brauchen; denn die Christenheit ist keine einmal geborne Familie, die einer steten Entwicklung entgegengeht; es werden in der Christenheit immer wieder neue Menschen geboren, deren Tichten und Trachten böse ist von Jugend auf." Oder nimmt Hr. Auberlen das neue Leben als etwas, das uns ohne unser Zuthun durch den heiligen Geist des Auferstandenen, nur bei passivem Verhalten von unserer Seite mitgetheilt wird, also auch den Kindern und allen erst zu Erziehenden und nie ganz Erzogenwerdenden? Doch wohl nicht. Und ist das Neue Leben das, als was es Hr. Auberlen bezeichnet: wir wollen den Auferstandenen auch feiern, doch feiern an Ostern, die das höchste christliche Fest ist.

Wie gelangen wir zu dieser Sonntagsfeier, um diesen Abschnitt hier gleich zu vollenden? Wird sich ein Concilium versammeln und beschließen: "Es hat dem heiligen Geist und uns gefallen, den Sonntag künftig so und so zu feiern."? Wird schwerlich gehen. Was können wir denn thun? Wie der ursprüngliche Sabbath nach und nach verloren ging, so soll er nach und nach wieder zum Vorschein kommen. Im Unterricht und in der Predigt, in den Handlungen und Gebeten der Kirche, in den Religionsbüchern wollen wir den Sonntag hinstellen als Gottes und unsern Ruhetag. Denn auch in Gottes Wesen ist nicht ein ewiges Einerlei, sondern Abwechslung, schöne Form, Arbeit und Ruhe, Ideales und Materielles. An diesem Tage wollen wir mit unserm Herrn und Haupte Jesus Christus vor Gott hintreten, ihm Dank sagen für alles Gute, das er an uns gethan, für Speise und Trank, Seele und Leib, Regen und Sonne, Schutz und Schirm, Erlösung und Erlöser; an diesem Tage wollen wir unsere Werke überschauen wie Gott die seinigen überschaute, ob sie auch gut seien wie seine es waren, und dann am ersten Tag der Woche, am ersten Arbeitstage, aufstehen mit unserm Erlöser zu einem neuen Leben und dieses neue Leben dann bethätigen in allerhand Erweisungen des wirksamen Lebens. Aufstehen kann man nicht einen ganzen Tag lang, das Aufstehen ist Sache eines Augenblickes, die Auferstehung Jesu geschah schnell wie ein Blitz und ein Erdbeben. Man steht auf am Montag Morgen. Hingegen ausruhen, Gott loben, sein Leben überschauen, Belehrung geben, Belehrung empfangen, erbaut, erquickt werden, Kraft sammeln zum Aufstehen, das kann man einen ganzen Tag lang, das muß man einen ganzen Tag lang und das geschieht an dem letzten Wochentag, an dem Sabbath des Herrn.

Ich wende mich zu der letzten Ursache der Sonntagsentheiligung, und die ich wieder für eine große halte. An der Sonntagsentheiligung und am Zerfall des religiösen Lebens überhaupt hat eine große Schuld die Scheidung zwischen Kirche und Staat wie sie heutzutage in christlichen Ländern vorhanden ist, oder das Bestehen zweier äußerer Gemeinschaften neben einander, von denen die eine religiös und die andere nicht religiös ist, und welche die ganz gleichen Leute umfassen. Diese Scheidung ist etwas, für das ich wenigstens ganz und gar kein Verständniß habe. Daß die Geistlichen als Stand, als Fachgenossen ihre besondere äußere Vereinigung, ihre Organisation haben, das begreife ich. Auch alle Christen bilden unter ihrem idealen Haupte eine Gemeinschaft, d. h. eine unsichtbare, eine geistige. Ich bin ein Christ, das verbindet mich mit jedem andern Christen, sei er auf der Welt, wo er wolle, und habe ich ihn je gesehen oder nicht, wie ich durch das Wort, ich bin ein Mensch, mit jedem Menschen verbunden bin. Aber in einer äußern Gemeinschaft stehe ich mit ihm nicht, so wenig als ich mit den Menschen in einem besondern Verein stehe. Es gibt keinen Menschenverein mit geschriebenen Statuten und keinen Menschheitspräsidenten. Also eine geistige ideale Gemeinschaft der Christen gibt es; ja wo die Christen außerhalb des Staates stehen wie die ersten Christen oder wo sie in heidnischen Staaten nur geduldete Leute sind, da mögen sie unter sich auch äußere Anordnungen für sich haben. Aber wie es in einem ganz christlichen Gemeinwesen wie es unsere europäischen Staaten sind, außer diesem christlichen Gemeinwesen noch eine andere auch äußere Gemeinschaft geben könne mit äußern Formen und Gesetzen, die auch alle Glieder des Staates umfaßt, das begreife ich nicht. Es sind immer zwei Staaten neben einander. Man weiß nicht, welcher regiert, welcher mehr Macht, welcher oben oder unten sei. Es ist ein beständiges unklares Unding, das zu hundert Reibungen Anlaß gibt. Als die Staaten heidnisch waren und wo sie es noch sind, da bilden die betreffenden Christen einen besondern Verein. Wo aber der Staat wie es bei uns der Fall ist — die wenigen Juden zählen nicht — aus lauter Christen besteht, da ist der Staat dieser christliche Verein.

Die jetzige Scheidung oder die überkommene Scheidung, die man noch stehen läßt, aber längst hätte über Bord werfen sollen, führt zum Zerfall des religiösen Lebens und damit auch zum Zerfall des Wichtigsten, des Staates, denn ohne Religion auch kein Staat. „Eher könntet ihr eine Festung in der Luft bauen, als eine Nation ohne Religion und öffentlichen Kultus."*) Der Staat, als die religionslose Gemeinschaft gibt damit zu erkennen, daß es eine geordnete Gemeinschaft von Menschen geben könnte ohne Religion, obschon sie in der Wirklichkeit nicht vorhanden ist, denn die Kirche sorgt unterdessen für die Religion. Das schadet der Religion d. h. unserm Glauben an die Macht derselben. Wenn man sieht, daß es eine solche Gemeinschaft geben könnte, und wenn sie auch wirklich noch nicht besteht, wenn sie nur in der Idee darauf angelegt ist, und zwar nicht eine bloße Gemeinschaft von einzelnen Ständen, von Landwirthen, Industriellen, Aerzten, Apothekern, sondern eine Gemeinschaft, die alle umfaßt, Weiber und Kinder, Junge und Alte,

---

*) Plutarch.

Gesunde und Kranke, so kommt man zu der Vermuthung: die Religion werde so Ungeheures nichts sein, etwas, das gerade Himmel und Erde zusammenhalte, die könne, wie es scheine entbehrt werden. Die heutige Scheidung zwischen Kirche, die alles Religiöse, und Staat, der nichts Religiöses umfaßt, gibt zu dieser Annahme unwillkürlich Veranlassung. Oder geschieht es willkürlich? Will der Staat, wollen die Staatsmänner uns zu verstehen geben: das eigentliche Ziel, wonach zu streben, sei eine bloße geordnete Gemeinschaft von Menschen, Religion und Religionen seien noch etwas, das so von der Kirche einstweilen mitgenommen werden möge, das Ziel, dem man zusteure, sei das reine Menschenthum, kleinere oder größere volkliche Genossenschaften von rechten Menschen? Dann aber sollte der Staat das auch sagen. Aber für einmal wäre das viel zu früh, daß der Staat diesen Weg beträte. Dazu sind wir noch lange nicht reif, noch lange wird es Religion geben. Sodann wird es zu diesem Ziele gar nie kommen, daß es nur Menschen gibt, nur einzelne Menschen, nur zu einem politischen, ökonomischen, sozialen Körper verbundene Menschen. Eine Religion würde es immer geben, wenn es nur die wäre, daß man die Idee des Menschen verehrte, daß der Einzelne einen Zug zum Ganzen empfände, daß es einen Kult des Ganzen gäbe, daß man das Sittengesetz, die sittliche Weltordnung verehrte. Kurz, einen Kult wird es immer geben. Aber auch dahin kommt es nicht. Es wird immer positive Religionen geben. Der lebendige Gott ist nicht aus der Welt wegzubringen. Dieses lebendige Herz der Welt, diesen Geist, der über den Wassern schwebt, wird der einzelne Mensch immer auf irgend eine Weise ahnen und verehren. Daß es kein ewiges Leben gibt, wird nie erwiesen werden können. Das Jenseits, die ewigen Dinge werden immer ein Mysterium bleiben, immer einen Zug nach ihnen veranlassen.

„Auferfteh'n, ja auferfteh'n wirft Du
Mein Staub nach kurzer Ruh'!
Unfterblich's Leben
Wird, der Dich fchuf, Dir geben!
Hallelujah!"

Das werden die Menfchen immer, wenn nicht in kalter Studierftube philofophieren, fo doch in geweihten, heiligen Augenblicken empfinden, das werden, wenn es die Zweifler nicht glauben, doch die Kinder, wenn eines von ihnen unter Blumen auf den Friedhof getragen wird, immer fingen. Fertig, wie der Materialismus meint, daß man nach Jahrtaufenden werde, wenn alle Erfahrungen gefammelt, alle Inftrumente vervollkommnet, alle Wiffenfchaften bis auf's Letzte getrieben, wird man auf der Erde nie; zu ahnen und zu fuchen wird immer bleiben, und diefes Geahnte und Gefuchte wird immer in beftimmten äußern Formen und Gebräuchen auftreten. Fertig wird man nicht werden, oder wenn wir fo fertig werden, dann ift das Ende; denn dann wüßte ich in der That nicht, was die Menfchen noch weiter auf diefer Erde follten. Wenn man fertig ift, kann man fterben. Alfo von der verkehrten Vorftellung, wo fie wirklich vorhanden fein follte, als müffe der Staat nach und nach dadurch, daß er das Religiöfe der Kirche zufcheide, das einzig Vernünftige, diefe bloße Menfchheitsmaffe, diefe fo und fo viel Taufende einzelner, vernünftiger, habficher und gebildeter Individuen, Staatsbürger genannt, mit der und der Nummer verfehen, anbahnen, foll der Staat nur herzhaft laffen.

Die Scheidung von Staat und Kirche führt zur Geringfchätzung der Religion. Der Staat gewährleiftet, fchützt die Religion. Wer aber eine Sache anerkennt, garantirt, fchützt, der ftellt fich offenbar über die Sache; fonft wäre er ein fauberer Garant, ein fchöner Schutzherr. Merkwürdigeres kann ich mir nichts denken, als wenn der Staat die Religion gewähr=

leistet. Es heißt in dem badischen Verfassungsentwurf — wie weit er zur Annahme gekommen, weiß ich nicht, aber es thut nichts zur Sache, denn ungefähr so ist es überall —: „Der vereinigten evangelisch-protestantischen und der römisch-katholischen Kirche ist das Recht öffentlicher Korporationen mit dem Rechte der öffentlichen Gottesverehrung gewährleistet." Also Großherzog, Minister, Beamte, Geistliche, Kaufleute, Bauern des Staates Baden, ihr dürft Christen sein, ihr dürft Gott verehren; der Staat, dieser Nirgendsist, der Staat Baden, den ihr bildet und sonst Niemand anders, erlaubt es euch. Ist das nicht lächerlich, in einer bombastischen Frage sich selber erlauben, ein Christ zu sein? Im Kanton St. Gallen petitionirt sogar die evangelische Synode, der Verfassungsrath möchte die Bestimmung in die Verfassung aufnehmen: I. „Der Staat gewährleistet die beiden gegenwärtig bestehenden Kirchen." O, ihr zaghaften st. gallischen Pfarrer, wie weit seid ihr von Jesus Sirach entfernt, der gesprochen hat: Wenn Du ein Amt hast, so poche darauf!" Sprecht lieber: Wir schmeicheln euch gar nicht; wenn ihr nicht Christen sein wollt, so seid Heiden! Wir werden unser Brod finden ohne euch; wir können lesen und schreiben, und denken können wir dabei doch, was wir wollen. Ist da die Sache nicht rein aufgefaßt wie im heidnischen Staate, in den das Christenthum erst eingedrungen ist, wo die große mächtige Mehrzahl Heiden bilden, wo die Christen ein einzelner Verein sind wie die Aargauer in Basel? Sollte es nicht richtiger heißen: Wir Badenser, die wir vom Bodensee an, dem Rhein entlang bis nach Mannheim hinunter wohnen, und den Staat Baden bilden, wir sind, § 1, Christen. Wir glauben an einen lebendigen Gott, Schöpfer Himmels und der Erde; wir glauben an ein ewiges Leben; der Herr Jesus Christus ist unser Erlöser, u. s. f. u. s. f. § 2. Wir wehren uns gegen alle Feinde; üben uns von früher Jugend auf in den Waffen. § 3. Wir wollen, daß gute Schulen im Lande seien. § 4. Es soll eine gute Justiz geben, u. dgl. mehr.

Die Menschen stehen nicht **über** der Religion, so wenig als über der Wahrheit, über dem Recht, sondern unter der Religion. Wir können nur aussprechen, bekennen, was unsere Religion sei, aber nicht Religion machen. Wir können nur sagen, ob wir Religion haben oder nicht.

Aber der Staat sagt: „Nicht ich bin schuld, daß ich alles Religiösen baar bin, die Kirche ist schuld; sie hat alles an sich gerissen, sie in ihrer Herrschsucht, Alles zu sein, nicht bloß der Inbegriff alles Religiösen, sondern noch manches andern, sie hat mich dieses Religiösen entleert." Ich nehme die Kirche nicht in Schutz. Es gab eine Zeit, da Christenthum und Civilisation nur auf diese Weise in die Welt eingeführt wurden. Aber Herrschsucht, fleischliche Herrschsucht war ihr zu allen Zeiten, so bald eine eigentliche Kirche war, eigen. Ferner: wenn der Staat nicht absichtlich alles Religiösen sich entäußerte, so war das ein Fehler, daß er sich das Religiöse nehmen ließ.

Aber der christliche Staat ist zu diesem alles Religiösen sich Entäußern gekommen durch die Entstehung verschiedener Konfessionen. Um des **Friedens** willen hat er gesagt: Ich als Staat habe keine Religion, katholische, evangelische Christen macht ihr es als solche mit der Religion aus; ich schütze beide Konfessionen nur; mehr mische ich mich in euere Sache nicht. Der Staat hat oft bei dem vielen Gezänke mit Recht sprechen können: ich bin der Vernünftigere; ich ziehe mich aus euern Händeln zurück; ich bin ihrer satt. Ja nothwendig ist es so gekommen. Aber sollen wir bei einem Uebelstand **bleiben**? Jetzt sollen wir es anders machen.

Aber ihr werdet sagen: Die verschiedenen Konfessionen, die nun einmal bestehen, hindern uns, daß der Staat als solcher eine Religion haben kann; er muß sich indifferent verhalten. Da weiß ich Rath. Freilich über acht Tagen läßt sich das nicht machen. Aber ich halte es doch für das Wahre und wenn es erst nach Jahrtausenden zu Stande kommt.

Was die Kirchentrennung anbetrifft, die nun einmal besteht, wäre es natürlich ein lächerliches Ding, wenn jetzt ein kleiner Bücherschreiber sagen wollte: Das hätte man so und so machen sollen; hätte ich gelebt, so wäre das so und so angegriffen worden. Du hast damals eben nicht gelebt, und sonst noch waren ein paar Dinge anders, als sie heute sind. Aber wenn neben anderm Thörichten ein unschuldiger Wunsch auszusprechen erlaubt ist, hätte man, als die neue Lehre aufkam, darüber verhandeln sollen, und jeder Staat, der von ihr betroffen worden wäre, hätte dann entscheiden sollen, ob er als Staat die neue Lehre annehmen oder bei der alten verbleiben wolle, welchem Schluß dann alle Angehörigen dieses Staates sich hätten fügen müssen. Aber ihr werdet sagen: so wäre die Wahrheit nie aufgekommen, hier vorausgesetzt, daß die größere Wahrheit im Protestantismus liegt, so wenig als das Christenthum, wenn der jüdische Rath per majora erkannt hätte: wir wollen von der neuen Lehre nichts wissen! Doch! Es haben sich ja zur Zeit der Reformation auch Staaten, kleinere und größere Gemeinwesen für die neue Lehre erklärt. Ferner: die Anhänger der neuen Lehre, wenn die große Mehrheit bei der alten geblieben wäre, hätte ich weder verbrannt noch verwiesen, sondern einfach zu ihnen gesprochen: Wir als Staat haben die alte Lehre; verzichtet ihr auf die, so hört ihr auf, unsere Angehörige zu sein; wohnen als Fremde oder Aufenthalter könnet ihr bei uns, wir thun euch nichts zu leide; haltet euch nur recht; gestaltet euere Lehre, euer Leben so schön, als ihr nur mögt und könnt; vielleicht daß dadurch die Mehrheit unserer Bürger auf euere Seite tritt und dann wird euere Religion Staatsreligion. Da sähe ich also keine Gefahr für das völlige und ungehemmte Emporkommen dessen, was wirkliche Wahrheit wäre. Aber damals war eben der Staat nicht im Stande, so zu deliberiren; die Kirche, eine fremde Macht, redete zu viel darein, übte zu große Macht aus; die Staaten waren nicht frei. Jetzt sollte das anders sein; jetzt stehen die Staaten auf der Höhe, daß sie, vorausgesetzt, daß man in die Parlamente, großen Räthe, Geistliche wählte so gut als Bauern und Industrielle, über Religiöses berathen und entscheiden könnten; jetzt sollten die Staaten so stark sein, daß sie die Kirche, diese bloße Korporation der Geistlichen nichts fürchteten. Oder dann wollen wir von der Bildung und Aufklärung des neunzehnten Jahrhunderts das Buch zuthun.

Aber Protestant, wenn in der Schweiz das Verhältniß das umgekehrte wäre, wenn die Katholiken die Mehrheit bildeten, würdest du dich dann nicht fürchten vor dieser Verfahrungsweise? Ich erkläre entschieden: nein! Wenn in der Bundesstadt Bern die Repräsentanten der ganzen Schweiz, unsere Bundesversammlung zusammen käme, und die einfältige Bestimmung, daß kein Geistlicher darin sitzen dürfe, vorerst durchgestrichen würde und nach Verhältniß gerade so viel Geistliche darin säßen als aus jedem andern Stande, und kein anderer Mensch über die Schweizergränze hinein ein Sterbenswörtchen darein zu reden hätte, und die Versammlung, aus lauter Schweizern bestehend, beschlöße: Der Katholizismus ist die Staatsreligion der Schweiz, so unterwärfe ich mich. Das Wort: Man muß Gott mehr gehorchen als den Menschen gilt einzelnen Menschen gegenüber, einer Bande gegenüber, die mir Gewalt anthun will. Aber wenn ein Volk, gehörig versammelt, gehörig repräsentirt spricht, so ist das für mich Gottesstimme. Größere Gewißheit, daß etwas Gottes Stimme sei, habe ich auf keine andere Weise, als wenn ein Volk gehörig vorbereitet, ernst und würdig in den höchsten Dingen seinen Spruch abgibt.

Ich würde mich nicht mit Murren oder mit dem kalten Trotz eines Republikaners einem solchen gültigen Beschluß fügen, ich fügte mich mit Hoffnung. Für's erste, wenn man heute ober morgen in Bern zusammen käme, nähme man den Katholizismus nicht so an, wie er in Rom besteht und nicht mit allem, das sich ihm, seinem bessern Wesen, nach und nach angehängt hat. Das wäre ja bereits ein großer Unterschied, daß unser Staatsoberhaupt das höchste Oberhaupt wäre auch in religiösen Dingen, daß wir über die Schweizergränze hinein nichts in unsere Sache reden ließen. Für's zweite: wenn es mir trotzdem zu katholisch ausfiele: das Ringen nach Licht und Wahrheit hört nie auf. Für's dritte: wenn wir auch lange nicht — nie will ich nicht sagen, denn die Wahrheit schreitet unaufhörlich fort, und ihr gehört der letzte Sieg in der Welt — wenn wir auch lange nicht die rechte Religion besäßen, hätte ich eine solche Liebe für eine ganze ungetheilte Schweiz, daß ich einen Mangel lieber verbisse, als auf das schöne Vaterland verzichtete. Denn ein tiefer Riß geht durch jedes Land, das durch die Religion getrennt ist, und selig kann man werden auch bei einer mangelhaften Religion, wenn man nur treu ist. Der Weg genügt bald, wenn man das Ziel will. Wenn mir Jemand sagt, daß ich es zu leicht mit den Konfessionen nehme und als Protestant zu wenig mich entsetze, wenn ich das Wort „katholisch" höre, so bemerke ich ihm, daß die Reformation in ihrem Ursprung — was in der Folge geschah, war weitere Entwicklung — nicht eine Auflehnung war gegen das ideale Wesen des Katholizismus, sondern gegen die Verkehrung mancher schönen Lehre, aber namentlich gegen das sittliche Verderben, welches damals, besonders unter dem geistlichen Stande vorhanden war. Luther und Zwingli wollten nicht aus der Kirche ausscheiden; sie wollten reformiren innerhalb der Kirche; erst nach und nach wurden sie hinausgedrängt.

Ein Staat hat seine bestimmten Eigenthümlichkeiten und Formen zu leben in allen Gebieten. Er hat eine bestimmte Weise regiert zu werden, ein größeres oder geringeres Maß der Freiheit der einzelnen Bürger, er hat eine bestimmte Weise, Recht zu sprechen, ein bestimmtes Recht, er hat seine gesellschaftlichen und häuslichen Sitten, öffentliche Bräuche, seine Kunst, seine Wissenschaft, meistens seine gleiche Sprache. Nur in religiöser Hinsicht soll er kein eigenthümliches Gepräge, keinen eigenthümlichen Charakter haben?

Das Christenthum, das Jesus Christus gestiftet hat, ist allerdings über die ganze Erde verbreitet worden; aber der Herr Jesus hat ursprünglich nur sein Volk im Auge gehabt. „Ich bin nicht gesandt, denn nur zu den verlornen Schafen von dem Hause Israel." „Gehet nicht auf der Heiden Straße, und ziehet nicht in der Samariter Städte; sondern gehet hin zu den verlornen Schafen aus dem Hause Israel." Das Wort: „Gehet hin und lehret alle Völker, und taufet sie im Namen des Vaters und des Sohnes und des heiligen Geistes," ist ein späteres Wort. Eine solche ausgebildete Trinitätslehre war damals noch nicht vorhanden. Der Herr Jesus war ein eifriger Vaterlandsfreund. „Jerusalem, Jerusalem, wie oft habe ich deine Kinder versammeln wollen wie eine Henne versammelt ihre Küchlein unter ihre Flügel; und ihr habt nicht gewollt!" Der Herr Jesus wollte sein Volk retten und erlösen. Daß er dann die ganze Welt erlöst hat, wurde ihm von Gott hinzugethan. Das Christenthum wie es aus Jesu Mund und Herzen hervorging war eigentlich nur zum geringsten Theil Religion, Religion im gewöhnlichen Sinne, Kult, Gottesdienst; es war höchste, reinste Sittlichkeit, von Gott erfülltes, von Gott getragenes, vollendetes Menschenthum, schönste Menschlichkeit, und als solche geeignet, aller Völker Eigenthum zu werden. Aber das eigentlich Religiöse, heilige Zeiten, heilige Orte, heilige Gebräuche war alles im Judenthum; ja er schaffte dessen mehr ab, als er neues einführte wie auch der Apostel Paulus nichts mehr wissen will von „Tagen und Monaten und

Festen und Jahreszeiten."*) In unserer Religion ist das eigentlich Religiöse, das Opferbringen, ein äußeres Heiligthum aus dem Judenthum gekommen, aus heidnischen Religionen, oder wir haben es, die Kirche hat es erst aus Christo gemacht. Das Christenthum muß Farbe haben. Sein Allgemeines, Ewiggültiges, Ewigwahres muß eine besondere Gestalt gewinnen je nach Ort und Zeiten. Die Hauptsache, Gott erkennen und von ihm erkannt sein, muß sich in nationalen Sitten und Gebräuchen, in „Tagen und Monaten und Festen und Jahreszeiten" ausbrlicken, Fleisch und Blut annehmen.

Jede Nation, jeder Staat muß seine eigene Religion haben und sie nicht blos von einer Körperschaft entlehnen, nicht blos es hinnehmen, gewärtigen, ob ihm Jemand anders für Religion sorge, ob seine Angehörigen Religion haben oder nicht. Ein religionsloser Staat, das ist der größte Widerspruch, den man sich denken kann. Seine innerste Grundlage ist die Religion; das mächtigste Band ist der Glaube; auf Treu und Glauben beruht wie im ganzen Leben so auch im Staate das Meiste. Nur das Aeußere kann verschrieben und verbrieft werden. Ein religionsloser Staat — und doch läßt er seine Bürger dem Vaterland den Eid schwören; auf dem Eid, auf dem Gebundensein des Menschen an eine heilige, göttliche Macht beruht die Kraft des Bürgers, die Verbindung der Bürger zu einem Staat. Ein religionsloser Staat — und die schweizerische Eidgenossenschaft z. B., der schweizerische Staat wurde gestiftet durch den Eid, ist ein beständiges Beruhen auf religiöser Grundlage, ja nennt sich Eidgenossenschaft. Ein solcher Staat will nicht Religion haben, selber haben, in allen seinen Anordnungen, will sie bloß neben sich, in andern Menschen, in den Köpfen der Christen haben?

Der Staat als solcher soll sprechen: Wir, die wir da

---

*) Gal. 4, 10.

und da wohnen, so und so heißen, wir haben die und die Religion. Kommen Fremde zu uns mit andern Religionen, so dulden wir sie, beschützen sie, sofern sie sich recht aufführen und uns in unserer Religion keinen Anstoß geben. Aber wir als Staat haben unsere eigenthümlichen religiösen Formen und Gesetze, so gut als wir für das politische, militärische, gesundheitliche Wesen unsere eigenthümlichen Formen haben. Wer unser Bürger werden will, muß auch unsere Religion annehmen. Ganz so verführe ich mit der Grundlage des Staates, mit der Familie. Die Religion des Mannes müßte mir die Religion des ganzen Hauses sein. Ich überließe es nicht wie in der Schweiz den Ehegatten, ob es ihnen beliebte, die Kinder katholisch oder reformirt zu erziehen und theilte nicht wie in Oestreich die Buben und Mädchen zwischen Vater und Mutter; alle müßten mir des Vaters Religion annehmen. Das Weib hätte die Religion des Mannes anzunehmen. Will es das nicht, so heirathe es in seiner Religion. Von der Liebe heißt es, sie sei stark wie der Tod. Ist sie das, so wird sie einen Religionswechsel ertragen; ist sie es nicht, so lasse die Katholikin den Reformirten bleiben und umgekehrt.

Damit, daß der Staat eine Religion hätte, wäre auch dem Sektenunwesen, daß jeder Narr einen besondern Glauben aufstellen darf, der Riegel gestoßen. Dieses Sektenunwesen ist eine erbärmliche Erscheinung. Der Kanton Zürich liefert hierin wohl die vollständigste Musterkarte. In dem gedruckten Protokoll der zürcherischen Synode vom Jahr 1860 heißt es darüber: „Die äußerst manigfaltigen Richtungen religiöser Anschauungen, welche hier zu besprechen sind, zerfallen zunächst in solche, die noch auf dem Boden der Landeskirche stehen, und in eigentliche Sekten, die mit der Landeskirche in gar keinem oder dann feindlichen Verhältnisse stehen.

A. Zu den religiösen Parteiungen innerhalb der Landeskirche rechnen wir die sogenannten Jünglingsvereine, die

Anhänger der **Brüdergemeinde**, die Vereine der **Chrischonabrüder** und die mit der **Dorothea Trubel** in Verbindung stehenden **Stündler**.

B. Diejenige religiöse Partei, die gegenwärtig wohl das meiste Aufsehen macht und eine weite Verbreitung hat, die der **Methodisten**, nimmt auch jetzt noch eine freilich etwas zweideutige Mittelstellung ein zwischen den angegebenen kirchlichen und den folgenden un- oder gegenkirchlichen oder den eigentlichen Sekten."

C. Als diese eigentlichen Sekten, von denen es heißt, es finde sich ihrer im Kanton eine reiche Auswahl, werden dann aufgezählt: 1) **Neutäufer**, von denen es eine mildere, der Kirche nicht feindliche und eine schroffere Fraktion, oder sogenannte **Fröhlichianer** gibt; 2) **Irvingianer**; 3) sogenannte **Freunde des Herrn von Campagne**; 4) **Darbysten**; 5) **Böhmisten**; 6) **Freunde oder Nazarener**; 7) **Antonianer**; 8) **Mormonen**.

Von den Neutäufern heißt es: „Sie sehen in den Pfarrern Lügenpropheten, nennen die Kirche eine Teufelswohnung." Ist das nicht gar prächtig, wenn eine Kirche, die sich noch Landeskirche nennt, solches drucken lassen muß, noch Kosten damit haben muß? Die Sekte der Antonianer wird eine sittlich bedenkliche genannt; von den Mormonen wird gesagt, sie haben sittlich bodenlose Grundsätze." Von Fischenthal wird berichtet: „Einige Mormonensendlinge machten ihre hiesigen neuen Anhänger buchstäblich verrückt." Ist das nicht kläglich, wenn eine Landeskirche an Landeskindern solchen Mischmasch, solchen Unsinn dulden muß, und darüber fast bittweise und nur belehrend berichtet? Sollte solcher Unsinn nicht an Zürchern wenigstens ausgesetzt werden? Sollte nicht der Große Rath von Zürich, die einzige Repräsentanz des Zürcherischen Volkes sagen: Wir bekennen das und das als unsern Glauben, und an Zürchern dulden wir keinen andern Glauben!

4

Aus der Waadt wird berichtet: „Ehrenwerthe Familien, fromme Personen, die Freude und Stütze der Pfarrer verlassen die nationale Kirche und gehen zur separatistischen Kapelle über; intelligente Katechumenen geben am Tage vor ihrer Kommunion undelikaten Einwirkungen nach und gestatten dem Pfarrer, der sie unterrichtet hat, die Freude nicht, sie zu konfirmiren; andere wenden sich bald nachher der rivalen Kirche zu, und diese letztere nimmt Katechumenen an, welche nicht das erforderliche Alter haben oder die wegen Unwissenheit oder übler Aufführung nicht zum Abendmahl zugelassen würden. In Hinsicht der Seelsorge drängen sich die Geistlichen der freien Kirche überall ein und häufig begegnet es, daß ein Geistlicher der Nationalkirche ein krankes Gemeindeglied besuchen will und vernimmt, der Geistliche der freien Gemeinde sei soeben dagewesen und habe mit dem Kranken gebetet." — Wahrlich, ich meine, dieses Sekten- und Parteiwesen sollte uns einmal die Augen öffnen, daß mehr als Etwas faul sein muß im Staate Dänemark.

Das war und ist das Verkehrte, wenn eine **fremde** Gewalt, römische Geistliche, ein Orden, evangelische Geistliche, überhaupt nur ein besonderer Stand, eine besondere Klasse den Glauben aufstellen und allen aufdrängen kann. Alle sollen das thun, d. h. ein Ausschuß von allen, die einzige alles umfassende Gemeinschaft, der Staat soll das thun. Der Staat ist diese Gemeinschaft. Er ist nicht wie man oft unwillkürlich sich vorstellt, nur eine Gemeinschaft von ehr- und wehrfähigen, stimmberechtigten **Mannspersonen**; er umfaßt Weiber und Kinder. Seine Bürger sind nicht blos Landwirthe und Industrielle, sondern auch sittliche und religiöse Menschen; der **ganze Mensch** ist Staatsbürger. Der Staat ist nicht eine bloße **Rechtsgemeinschaft**, sonst hätten viele seiner edelsten Bürger blutwenig vom Staat; denn ein rechter Mensch lebt von selbst recht; er übt sich nur noch an den höhern Pflichten der Liebe, der Barmherzigkeit, des Wohlwollens, des Anstandes, der Billigkeit.

Der Staat ist nicht die einzige Rechtsgemeinschaft; in der Familie besteht auch Recht. Er ist die politische, bürgerliche, soziale aber auch sittliche und religiöse Gemeinschaft. Nur mit Frankreich und dem deutschen Bunde zu verhandeln ist nicht das Ganze seiner Thätigkeit; er ist auch da, daß Erziehungswesen, Gesundheitswesen, sittliches und religiöses Wesen gedeihen und gefördert werden. Cuius regio, illius et religio, wem das Land gehört, dem gehört auch die Religion. Der Landesherr, in freien Staaten der verfassungsmäßige Fürst, in Freistaaten der Bundespräsident ist summus episcopus, oberster Bischoff. Ein Großer Rath und daneben eine ebenfalls vom Volk gewählte gemischte Synode, ein Regierungsrath und daneben ein von der Synode gewählter Kirchenrath bilden einen Dualismus, einen Parallelismus, der beständig miteinander in Conflikt kommt, zwei Herren, die beide regieren möchten, beide in den oft gleichen Gebieten. Der Staat umfaßt alles, und schafft sich nur für die besondern Gebiete und Thätigkeiten die geeigneten Organe. Im Papstthum, das die Staaten auch regierte, Kaiser und Könige einsetzte und absetzte und nur als seine Dienstleute ansah, war Sinn; es war doch eine Einheit. In der heutigen Scheidung zwischen Kirche und Staat ist kein Sinn. Der beste Sinn ist aber, wo der Staat Alles ist, und die Geistlichen nur die besondern Organe des im Staate vorhandenen religiösen Lebens. Deßwegen wird der Geistliche keine Creatur sein, wenn er schon nur ein Glied, ein Theil des alles umfassenden Organismus ist, so wenig als die Staatsmänner Creaturen sind, die auch das Volk an die höchsten Ehrenstellen setzt. Mannhaftigkeit und Gewissenhaftigkeit können sich überall geltend machen, und Mannhaftigkeit und Wahrheit werden überall den Sieg davon tragen. Dem Recht und der Wahrheit beugt sich die Welt, und wo sie es nicht thut, da thut sie es nicht und wenn der Pfarrer sagt, er sei direkte vom Himmel gekommen.

M o s e s war ein herrlicher Mann, ein leuchtendes Beispiel

für alle Zeiten; er war Staatsmann und Kirchenmann in einer Person; er ordnete das bürgerliche Leben und das religiöse. Die religiösen Verrichtungen übertrug er nur besondern Priestern. Beim jüdischen Volke war Staat und Kirche eins; darum dauerte dieses Volk so lange als ein besonderes Volk. Wie viel auch im türkischen Reiche faul sein mag: was dem Islam Kraft gibt und gab, ist die Einheit zwischen Bürgerlichem und Religiösem. Das bürgerliche Gesetz und das Religionsgesetz ist bei ihm nur Eines, sein Gesetzbuch ist ein Gebetbuch.

Es herrscht eine lächerliche Furcht vor dem Staate. Damit, meinte man, wäre aller Religion der Garaus gemacht. Wer ist denn dieser Staat in christlichen Ländern? Dieser Staat ist nichts anders als eine Versammlung von Christen. Wer sind denn diese Staatsmänner und höhern und niedern Vorgesetzten? In der Regel die besten Männer des Landes, die edelsten Christen. Ist ihnen nicht auch daran gelegen, daß Treu und Glauben, Recht und Gerechtigkeit im Lande wohnen? Wer sind diese Laien? Haben sie nicht auch Seelen? Ist ihnen ihre Seele, das Loos ihrer Seelen nach dem Tode nicht so viel werth als uns? Wahrlich, die haben dazu so gut ein Wort zu reden als wir, in Dingen überdieß, von denen wir Pfarrer nicht Nagelsgroß mehr wissen als sie auch. Denn es handelt sich da nicht um gelehrte Exegese, sondern um Dinge, die je das reinste Gemüth am besten und reinsten erkennt und hat. Man meint, nur die Geistlichen seien die Hüter der Religion. Es gibt Stillstände, in denen das Religiöse und Sittliche in den Händen der weltlichen Mitglieder gerade so gut aufgehoben ist, als in den Händen des Geistlichen; es kommt vor, daß in gemischten Synoden die weltlichen Mitglieder konservativer sind als die geistlichen. Man sagt: man wähle die Großen Räthe und Regierungen nicht mit besonderer Rücksicht auf Sittliches und Religiöses, sondern mit besonderer Hinsicht auf politische und juristische Befähigung. Hat man das gethan, so war das ein

Fehler und mache man das in Zukunft anders! Wähle man ganze Männer; sehe man auf die eine Befähigung ebensowohl als auf die andere. Wähle man ferner in die Großen Räthe, überhaupt in die Repräsentanz des Volkes auch Geistliche so gut als Landwirthe, Industrielle und Juristen, daß eine solche Versammlung ein Abbild des ganzen Volkes, Fachmänner von allen Sorten enthält. Ausschüsse, Kommissionen, Departemente kann man dann aus den geeigneten Leuten bestellen.

Aber diese Versammlungen werden nie so strenge, so hohe sittliche und religiöse Anordnungen treffen, als es eine Versammlung von lauter Geistlichen gethan hätte? Nun die speziellen Anordnungen wird nicht der Große Rath, das Parlament als solches treffen, sondern ein Ausschuß, oder wird sie wenigstens entwerfen, und in diesen Ausschuß sahen wir, wird man Fachmänner wählen. Und gesetzt, die Anordnungen fielen nicht so geistlich, oder will ich mit Ernst sagen, nicht so religiös und sittlich aus, als wir wünschten: brauchen wir denn religiöser und sittlicher zu scheinen als wir wirklich sind? Lange genug hat man sich mit dieser elenden Täuscherei beholfen, daß man etwas aufgestellt, das man doch nicht war. Eine solche recht gewählte Versammlung ist die Vertretung des Volks, seiner Sittlichkeit, seiner Religiösität, wie sie jedesmal ist. Sollen wir uns durch Anordnungen belügen, wir seien frömmer als wir wirklich sind? Solche Versammlungen und ihre Beschlüsse werden jedesmal der Maßstab sein von dem wirklich vorhandenen religiösen Leben. Das soll und kein fingirtes zum Ausdruck kommen. Dadurch wird mehr Wahrheit in unser Leben kommen, ein großer Gewinn; die Pfarrer werden dann weniger träumen und schwärmen von etwas, das im Leben, im Volke gar nicht vorhanden ist. Wir wollen nicht frömmer scheinen, als wir wirklich sind. Solche Anordnungen sind überdieß nur Darstellungen; die Wahrheit selber, den festen Grund verändern sie nicht. Das Wort Gottes, wie es in der Schrift steht, das

Wort Gottes, wie es durch alle Bildung aller Zeiten und Völker hindurchgeht, bleibt doch stehen. An uns Geistlichen ist es dann, dieses Ideale, das Wort Gottes immer höher zu heben, immer lauter und eindringlicher zu predigen, daß das religiöse Leben immer stärker und gewaltiger werde, und die Anordnungen, die jedesmal der Niederschlag des vorhandenen religiösen Lebens sind und sein sollen, immer christlicher, immer religiöser und sittlicher werden.

Wenn der Staat alles ist, auch der Inbegriff alles sittlichen und religiösen Lebens, dann wird auch, was bis jetzt nicht möglich war, die Vereinigung zu Stande kommen, zwischen Christenthum und Bildung. Christenthum, oder ich will lieber sagen Kirchenthum und Bildung gehen jetzt zwei Wege nebeneinander. Das soll nicht sein. Rechte Bildung und Christenthum sind keine Gegensätze. So lange aber die Geistlichen allein zu befehlen haben, so lange nicht die Laienwelt zu ihrem Ausdruck kommt, gibt es keine Vereinigung, bleibt ein zwiespaltiges Wesen, liegt manche Kraft brach, bleibt manches herrliche Werk ungethan. Unendlich viel Menschen, die jetzt auseinander gehen, wären dazu angethan, einander zu verstehen und miteinander zu wirken. In unserer Zeit wird von den Geistlichen viel verhandelt, in der Laienwelt herrscht ein reges Leben, aber wenig noch ist zur Ausführung gekommen. Es gibt gar kein Heil, bevor nicht die Gesammtheit der Christen, d. h. in jedem Staate je die weisesten und besten Christen unter allen Ständen, zu ihrem Ausdruck kommt. Aber die weltlichen Herren sagen: wir mögen nicht Theologie treiben; es ist uns das zu langweilig. Es fragt sich gar nicht, was langweilig oder kurzweilig sei; es fragt sich nur, was ist Pflicht. Ein Volksrepräsentant muß ein ganzer Mann sein, muß auch das sittliche und religiöse Leben kennen und haben.

IV.
Wie gelangen wir zu einer bessern Sonntagsfeier?

Bis jetzt sprachen nur die Geistlichen: „Feiert den Sonntag; Gott hat es so befohlen!" Das muß anders werden. Wir alle, die Gemeinschaft, der Staat muß sprechen: Feiert den Sonntag; er ist eine Ordnung Gottes! Bis jetzt hieß es mit dem Alten Testamente: „Meine Sabbathe sollt ihr heiligen, daß sie seien ein Zeichen zwischen mir und euch, damit ihr wisset, daß ich der Herr, euer Gott bin." *) Das müssen wir, jetzt erwachsene Menschen, umkehren und sprechen: Allmächtiger Gott, wir wissen, daß du bist; „du hast dich selbst nicht unbezeuget gelassen, hast uns viel Gutes gethan, und vom Himmel Regen und fruchtbare Zeiten gegeben und unsere Herzen erfüllet mit Speise und Freude;" wir erkennen dich, wir verehren dich, wir beten dich an, wir feiern dir einen Tag, unsern schönsten Tag, daß es ein Zeichen sei, ein lautes, mächtiges Zeichen, daß du Gott seiest und wir deine Geschöpfe. Wir wollen einen Tag, eine Gelegenheit, einen Ort, da wir dich verehren, dich anbeten können. Wir wollen an diesem Tag alle unsere geistigen Güter pflegen. — Mit der Sonntagsfeier wird es besser, wenn der Staat sagt: Die Sonntagsfeier ist unsere Sache; wir wollen den Sonntag feiern, unsere Ehre, unser Glück ist's. Man hat die Religion den Christen überlassen; die sollen es ausmachen, wie sie es damit halten wollen. Die Religion, unser Wesen kann man Niemanden überlassen, die muß man selber haben. Man hat Sonntagsgesetze erlassen; aber wenn sie nicht gehalten werden, lächeln manche Staatsmänner: das werde den Kirchenherren wieder ein Verdrüßchen absetzen! Militärbehörden verfügen über den Sonntag, als ob kein Christenthum in der Welt

---

*) Hesekiel 20, 20.

wäre. Das wird anders kommen, wenn der Staat sagt, die Religion ist unsere Sache. Dann werden die einzelnen Theile dieses Staates sich auch fragen müssen, was ist Staatsgesetz in Bezug auf den Sonntag? Wie können wir unsere Anordnungen so einrichten, daß sie mit den übrigen im Staate bestehenden Gesetzen nicht in Widerspruch gerathen?

Die Sonntagsfeier erfordert Gesetze. Nur durch freies Zureden der Geistlichen gibt's keinen Sonntag. Das sind Träume. Die Christen sind nicht alle ideale Menschen, daß aus freier Liebe ein schöner Sabbath herauswüchse. Es sind unter ihnen Kinder, die erst durch den Zuchtmeister des Gesetzes erzogen werden müssen; es bleiben unter ihnen, die gar nie erzogen werden; es gibt rohe Menschen, die beim Schopfe genommen werden müssen. Die Christen können keine Gesetze erlassen; sie haben keine Macht, sie zu vollführen. Gesetze kann nur erlassen, wer auch die Macht hat, sie durchzuführen. Pfarrer können eifern für den Sonntag und müssen dann beim nächsten besten Polizeivorsteher etwas Gewalt erbetteln, sie auch durchzusetzen. Ist das nicht eine wahre Affenschande? Wenn der Staat sagt, die Religion ist unser, ist den spöttischen Angriffen auf dieselbe der Riegel gestoßen, weiß der Staatslehrer, daß er die Staatsreligion nicht zu zerstören hat, müssen die Pfarrer nicht zittern, ob die Eltern auch geruhen wollen, ihre Kinder taufen und konfirmiren zu lassen, ob man aus der Kirche austreten oder gnädigst in ihr verbleiben wolle. Diese abgeschmackte Wählerei und Ziererei hört dann auf.

Man wende nicht ein, die Sonntagsfeier sei in den Nordamerikanischen Freistaaten, wo Kirche und Staat noch mehr getrennt sind, besser, als bei uns. Der schönere Nordamerikanische Sonntag rührt nicht von der dortigen Trennung der Kirche und des Staates her, sondern von der englischen Sonntagsfeier, von englischer Sitte, von englischer Ueberlieferung, die mit über das Meer hinübergezogen ist. Ich sähe in der That keinen

Grund, daß die Amerikanische Sonntagsfeier von der dortigen Verfassung herrühren sollte. Ja ich glaube, es wäre noch eher Wasser auf meine Mühle, insofern der Staat dort wenigstens negativ die Sonntagsfeier zu seiner Sache erklärt hat, indem er Alles verbietet, was die Sonntagsfeier stört, indem er wenigstens Raum schafft, daß der Sonntag von den verschiedenen religiösen Parteien recht gefeiert werden möge. Uebrigens fragen wir nicht, was in Amerika Brauch sei; hierin sollte Amerika von uns lernen.

Mit der Sonntagsfeier wird es besser, wenn es mit dem Glauben besser wird. Und mit dem Glauben wird es besser. Der alte Glaube, die alten Kirchen-Ordnungen und Satzungen sind dahin; die wecken keine künstlichen Belebungsversuche wieder auf. Aber es wird ein neuer Glaube entstehen, der die Wahrheit des Alten enthalten und Neues sich aneignen wird. Der Glaube an den lebendigen Gott, Schöpfer und Erhalter Himmels und der Erde wird bleiben, der Glaube, daß Jesus der Erlöser der Welt sei, wird immer lebendiger; das ewige Leben wird nie aus den Gemüthern der Menschen herausgerissen werden können; trotz aller Angriffe wird das Auge des Menschen immer zum Himmel gerichtet sein. Trotz alles Redens und Schwätzens von Nothwendigkeit unsers sittlichen Handelns, die Ueberzeugung wird nie aus der Menschenbrust ausgetrieben werden, daß wir frei sind, Böses oder Gutes zu wählen, und daß wir für unser Handeln Gott und den Menschen verantwortlich sind. Es wird immer eine Religion geben und keine Religion, an der viele Neuere zweifeln, „ob man das dann auch noch werde Religion nennen können." Es werden heilige Zeiten bleiben, heilige Orte, heilige Feste, heilige Handlungen und Gebräuche. Der Mensch ist nicht bloß ein dünnes, wässeriges, verständiges Wesen. Der Mensch ist ein warmes, vollblütiges Wesen mit einem fleischernen Herzen, mit einer Seele, die mehr ist als nur Verstand, die viel ist, das wir nicht erkennen und begreifen, das wir aber doch sind und haben.

Mit der Sonntagsfeier wird es besser, wenn es mit dem Materialismus besser wird, d. h. nicht mit den Naturwissenschaften, mit der Erkenntniß und Liebe zur Natur, die hoffen wir werde bleiben und immer schöner und größer werden, sondern mit der gemeinen Genußsucht und Sinnlichkeit, die zu allen Zeiten vorkommen kann, die zu Zeiten vorkam, da noch keine Naturwissenschaften vorhanden waren, die bei der größten Kirchlichkeit und Romantik am herrlichsten blühte. Und mit diesem Materialismus wird es besser. Man hat mit Uebertreibung nur den Geist gesucht, das Körperliche, das Materielle, Besitz, Vermögen als etwas Weltliches geringschätzig behandelt, oder als etwas Weltliches verpönt, wobei viel Unwahrheit mitunterlief. Geistliche und weltliche Eiferer haben geschimpft über Geld und Gut und Genuß, und dabei doch auch gut geessen und getrunken.

Durch Eisenbahnen, Dampfschiffe, Telegraphen ist auf einmal der große Werth der Materie aufgestiegen, es sind Wunder vor unsern Augen geschehen. Kein Wunder, daß dann mancher gedacht hat: das sind andere Dinge als die alten kirchlichen Dinge, Dampfwagen, die ohne Rosse durch die Welt schnauben, Telegraphen, die in Minuten von Hunderten von Stunden her Bericht geben! Fabriken, die Tausenden ihren Unterhalt verschaffen! Eisenbahnen, Telegraphen, Dampfschiffe haben auf einmal diese gemeine grobe Welt von Klötzen zu einer geheimnißvollen, wunderbaren Welt vor unsere Augen gestellt und gezeigt, daß da auch Großes sei, nicht bloß in der Welt der Geistlichen und der Dogmatik.

Die Naturwissenschaften blühten rasch auf, und entdeckten in der irdischen und leiblichen Schöpfung eine herrliche Welt. Diese Welt, lange verborgen, lange geringschätzig angesehen, ist uns nahe, gegenwärtig, ist zu sehen, zu betasten, hat Fleisch und Blut. Kein Wunder, daß ob der Freude dieser wirklichen, realen,

faßbaren, gegenwärtigen Welt die unsichtbare, mehr problema-
tische, Idealwelt zurücktrat. Das feinere zartere Licht wurde
von diesem gröbern, massenhafteren Lichte verdunkelt. Es wird
aber wieder hervortreten.

Es sind allerhand Erwerbsquellen aufgekommen. Jetzt ist
die Zeit, da man in materiellen Dingen Eroberungen macht.
Man stürzt sich auf den neuen Verdienst und die Reichthums-
quellen. Nach und nach gleicht sich das wieder aus, es wird
besser werden. Man wird nicht mehr mit dieser Hast erwerben.
Jetzt sind auf die reichen Forste die Thore geöffnet; man stürzt
hinein. Wenn das größte Wild geschossen ist, läßt das Rauben
etwas nach. Man besinnt sich. Du bist ein Mensch; da ist
ein Weib, liebe es! Da ist ein Buch, lies darin! Sieh, welch'
ein Himmel über dir! Gott regiert die Welt und kennet mich
und dich. Eile nicht so durch die Welt, als wäre das Höchste,
nur Gewild neben dir niederzuschießen. Du bist ein Mensch!

Einzelne Theile, einzelne Völker, Zeiten werden in diesem
materiellen Ringen untergehen. Wo man Aas wird, sammeln
sich die Adler des Gerichts. Aber die Welt im Ganzen bleibt
des Geistes. Geist regiert die Welt. Geist wird bleiben. Aus
Geist sind diese großen Erfindungen, die Naturwissenschaften hervorgegangen. Nicht Fresser und Säufer haben diese großen Entdeckungen gemacht, sondern Geister. Der Materialismus ist
der größte Triumph des Geistes. Geist wird bleiben. Es kommt
durch alle Erfindungen und Entdeckungen nicht dazu, daß der
Mensch nur ein höheres, nur ein gebildetes Thier sei. Das
wäre wahrlich ein armes Ziel alles dieses mächtigen Ringens,
wenn das nur herauskommen sollte, daß wir gebildete Thiere
seien! Es gibt einen Unterschied zwischen Thier und Mensch.
„Der Geist ist's, der da zeuget, daß Geist Wahrheit sei." Die
immer größere Menschenherrlichkeit, die immer größere Gottes-
herrlichkeit wird's sein, die aus allem diesem Ringen und Suchen
hervorgeht.

Mit der Sonntagsfeier wird es besser, wenn mit der Liebe zum Idealen die Liebe zur irdischen Arbeit sich verbindet, mit dem Beten das Arbeiten. Man wird sagen, dieses Arbeiten sei gerade Schuld an der Entheiligung des Sonntags. Ja die Gier nach Hab und Gut, der Unverstand, der sich mit dieser Gier verbindet, ist an mancher Sonntagsentheiligung Schuld. Aber die rechte, ehrliche, mäßige Arbeit fördert den Sonntag.

Warum entweihen so Viele den Sonntag durch Arbeit? Weil sie die Woche über das Ihrige nicht gethan haben. Die liederlichen Lumpen, die am Montag und am Dienstag nicht arbeiten, und doch die Arbeit fertig haben sollten, um ihr Brod zu bekommen, um das Geld zu ihrem Lumpenleben zu bekommen, die arbeiten dann in den Sonntag hinein bis in die Nachmittagsstunden. Da wollen sie dann wieder einbringen, was sie die Woche über versäumt haben. Wer sechs Tage arbeitet, unverdrossen und ununterbrochen, der ist am Sonntag müde genug, daß er gerne ausruht. Ja, so schmeckt die Ruhe gut, nach der Arbeit. Sechs Tage soll man arbeiten; dann gibt's einen fröhlichen Sonntag. Man hat dann das Bedürfniß zu ruhen; die Ruhe ist etwas Neues, etwas Anderes. Warum ruhen Viele am Sonntag nicht? Weil sie die Woche über geruht haben. Dann ist die Ruhe am Sonntag langweilig. Dann muß man aus Langweile, aus Eigensinn, aus Trotz etwas arbeiten. Ja Viele haben das teuflische Bedürfniß, alle gewöhnliche Ordnung der Dinge auf den Kopf zu stellen.

Wer sechs Tage arbeitet ununterbrochen, der bringt in sechs Tagen so viel zusammen, daß er am Sonntag nicht arbeiten muß, daß er am Sonntag ruhen darf. Arbeit am Sonntag frommt nicht. Wenn sich Arbeiter mißbrauchen ließen, sofern sie es nämlich aushalten könnten, was sie aber nicht können, auch am Sonntag zu arbeiten, würde ihnen der Lohn nach und nach so zugespitzt, daß es ihnen für die sieben Tage nicht mehr träfe als früher für die sechs, und Niemand anders als sie die Betrogenen wären.

Warum entweihen wir den Sonntag durch diese ungemessenen Vergnügungen? Weil wir die sechs Tage über nicht arbeiteten, sondern in der Woche schon dem Vergnügen nachliefen. Wer den Werktag zum Sonntag macht, der muß dann am rechten Sonntag die Sache übertreiben, damit sie noch einen Reiz habe, der muß etwas Ausgezeichnetes, etwas Scharfes haben, damit die schlaffen Nerven noch eine Spannung bekommen; der muß am Sonntag schon die Zeit des Gottesdienstes zum Vergnügen benützen; ein paar Stunden genügten ihm nicht.

Wie wir die sechs Tage arbeiten und nicht dem Vergnügen nachgehen sollen, so sollen wir die sechs Tage auch arbeiten und unsere Nasen nicht in allerhand stecken, damit uns der Gottesdienst am Sonntag munde. Wochengottesdienste taugen nichts; wenn es die ganze Woche läutet, hat es am Sonntag keinen Reiz mehr. Wir sollen uns auch nicht zu Stunden und Stündlein versammeln. Das Stündliwesen verdirbt uns den Magen für den gewöhnlichen geordneten Gottesdienst. Stündler kommen mit einem spitzigen Mündlein in den Gottesdienst und wollen Alles besser wissen. Alles hat seine Zeit; es muß Ordnung sein auch in der Andacht.

Mit der Sonntagsfeier wird es besser, wenn wir über den Segen des Sonntags immer mehr in's Klare kommen. Ueber diesen Segen des Sonntags machen wir einen besondern Abschnitt.

V.
Der Segen des Sonntags.

Der Sonntag ist so sehr ein Tag des Segens, daß es, wenn man diesen Segen beweisen will, fast das Gleiche ist, als wollte man beweisen, daß die Sonne etwas Heilsames sei. Er ist in der That auch eine Sonne. Aber wenn die Verblendung so groß ist, wie sie bei vielen ist, muß man sogar beweisen, daß zweimal zwei vier sei.

Der Sonntag ist dieser Tag des Segens durch seine Ruhe. Wenn am Sonnabend die Glocken läuten, so ist allerdings die Freude auch dabei, daß es morgen ein Fest gebe, daß man schönere Kleider anziehe, ein besseres Essen bekomme, in die Kirche gehe, spazieren gehe; aber die erste und vorderste Freude namentlich bei Denen, welche die Woche über saure und strenge Handarbeit haben, ist die: Morgen gibt es einen Ruhetag!

> „Beschwertes Herz, leg ab die Sorgen!
> Erhebe dich, gebeugtes Haupt!
> Es kommt der angenehme Morgen,
> Da Gott zu ruhen hat erlaubt,
> Da Gott zu ruhen hat geboten,
> Und selbst die Ruhe eingeweiht."

Das ist das Freudengeläute des Sonnabends; das sind die Töne, die zuerst in dem Herzen anklingen.

Diese Ruhe des Sonntags müssen jetzt nicht mehr die Geistlichen empfehlen; diese Sorge haben ihnen die Aerzte und Naturforscher abgenommen. Aerzte und Naturforscher und überhaupt gebildete Männer werden ihnen, hoffe ich, immer mehr des Lehrhaften abnehmen, daß sie immer mehr werden können, was sie sein sollten, Priester des höchsten Gottes und Diener Jesu Christi. Aerzte und Naturforscher treten jetzt für sie ein.

Im Jahre 1832 ließ das brittische Haus der Gemeinen die Sonntagsfrage mit Rücksicht auf die arbeitenden Klassen durch eine Kommission von 30 Parlamentsmitgliedern untersuchen. Diese Kommission consultirte eine große Anzahl Zeugen aus verschiedenen Ständen und Beschäftigungen, unter andern auch den berühmten und erfahrenen Arzt Dr. John Richard Farre von London, der als Resultat seiner beinahe vierzigjährigen Praxis und Beobachtung folgendes Zeugniß ausstellte:

„Als ein Ruhetag halte ich den Sabbath für einen Ersatztag für die unzureichende Wiederherstellungskraft des Körpers unter fortwährender Arbeit und Aufregung. Ein Arzt nimmt immer Rücksicht auf die Erhaltung der Wiederherstellungskraft; denn wenn diese verloren ist, so hat seine Heilkunst ein Ende. Ein Arzt ist bedacht auf die Erhaltung der Gleichmäßigkeit des Blutumlaufes als nothwendig zur Wiederherstellungskraft des Leibes. Die gewöhnliche Anstrengung des Menschen schwächt den Umlauf an jedem Tage seines Lebens; und das erste allgemeine Naturgesetz, durch welches Gott seine Zerstörung verhindert, ist der Wechsel von Tag und Nacht, damit Ruhe auf Arbeit folge. Aber obwohl die Nacht scheinbar den Blutumlauf ausgleicht, so stellt sie doch das Gleichgewicht für die Erreichung eines langen Lebens nicht hinlänglich her. Deßhalb ist durch die Güte der Vorsehung ein Tag unter sieben als Ersatztag dazugegeben, damit durch dessen Ruhe das animalische System vollendet werde. Diese Frage läßt sich leicht faktisch entscheiden durch den Versuch mit einem Lastthier. Man nehme z. B. das Pferd, und man wird bald finden, daß ein Ruhetag seine Kraft für die übrigen sechs Tage vermehrt und zu seiner vollen Gesundheit nothwendig ist. Der Mensch wird durch die höhere Kraft seines Geistes aufrecht gehalten, so daß sich der nachtheilige Einfluß fortwährender täglicher Arbeit und Anstrengung nicht so schnell und unmittelbar kund gibt, als beim unvernünftigen Thiere, aber im Verlauf bricht er rascher zusammen und verkürzt sich die Länge seines Lebens und die physische Kraft des Alters. Ich betrachte deßhalb die Einsetzung des Sabbaths als eine gütige Einrichtung der Vorsehung zur Erhaltung des menschlichen Lebens, und die Beobachtung desselben als eine natürliche Pflicht, sofern nämlich zugestanden wird, daß die Lebenserhaltung eine Pflicht und die unzeitige Lebenszerstörung eine Art von Selbstmord ist. Ich sage dieß bloß als ein Arzt und ohne alle Rücksicht auf die theologische Seite der Frage. Aber wenn man ferner die Wirkungen des wahren Christenthums betrachtet, nämlich Friede des Gemüths, Vertrauen auf Gott und Wohlwollen zu den Menschen, so wird man in dem höhern Gebrauch des Sabbaths, als eines heiligen Ruhetages, eine zusätzliche Quelle der Lebenserneuerung für den Geist und durch diesen auch für den Leib finden.... Untersuchungen in der Physiologie zeigen durch die Analogie des Wirkens der Vorsehung in der Natur, daß das göttliche Gebot keine willkürliche Anordnung, sondern für das Wohl des Menschen nothwendig ist. Dieß ist der Grund, auf welchen ich die Sache stelle, im Unterschied von Vorschrift und Gesetzgebung. Ich betrachte die Sonntagsruhe als nothwendig für den Menschen, und darum sind die Feinde des Sabbaths auch Feinde des Menschen. Alle starken Anstrengungen des Leibes oder Geistes, sowie alle Arten von Ausschweifung und Belustigung, welche den Blutlauf forciren, der an diesem Tage ruhen sollte, sind ein nachtheiliger Mißbrauch des Sabbaths, während die Abspannung von den gewöhnlichen Lebenssorgen, der Genuß der Ruhe im Schooße der Familie, verbunden mit den religiösen Uebungen und Pflichten, welche dieser Tag auferlegt, von welchen, gehörig verstanden, keine einzige das Leben abkürzt, den angemessenen und wohlthätigen Gebrauch des Sabbaths ausmachen."

Dieser Erklärung stimmte ein Verein von Aerzten in Amerika, 25 an der Zahl, worunter ausgezeichnete Namen sich befanden, einhellig bei. Dr. Warren sagte: „Ich stimme der Ansicht des

Dr. Farre, den ich persönlich als einen Arzt vom höchsten Range kenne, vollkommen bei. Die Nützlichkeit des Sabbaths als eines Ruhetages, vom weltlichen Standpunkte aus betrachtet, ruht auf einem der allgemeinsten Naturgesetze, dem Gesetze des periodischen Wechsels. So weit meine Beobachtung reicht, zeichnen sich die Menschen, welche am Sabbath weltliche Sorgen und Arbeiten zu vermeiden pflegen, auch am meisten durch vollkommene Erfüllung ihrer Pflichten während der Woche aus. Der Einfluß eines Wechsels der Gedanken am Sabbath auf das Gemüth solcher Personen gleicht dem Einfluß des Wechsels der Nahrung auf den Körper. Jener scheint den Geisteskräften, wie dieser den Leibeskräften, neue Frische und Energie zu geben. **Ich bin fest überzeugt, daß solche Personen im Stande sind, mehr und bessere Arbeit in sechs Tagen zu verrichten, als wenn sie alle sieben Tage arbeiteten.** Das Einathmen der reinen und erhebenden Atmosphäre eines religiösen Sabbaths erfrischt und kräftigt den Geist. Er bildet eine Epoche in unserm Leben, von der wir neue Anregung erhalten, und ist daher die beste Vorbereitung für die Arbeiten der folgenden Woche."

Dr. Thomas Sewall, Professor der praktischen Heilkunde in Washington: „Wenn ich gleich davon überzeugt bin, daß der Hauptzweck des Sabbaths der ist, zur Anbetung Gottes zu ermuntern, und das **geistliche** Wohl der Menschen zu befördern, so habe ich doch schon längst die Meinung gehegt, daß auch der für die **leibliche und geistige** Gesundheit des Menschen daraus entspringende Nutzen nicht gering anzuschlagen sei. Durch vielfache Beobachtungen hat es sich mir als eine allgemeine Wahrheit herausgestellt, daß diejenigen, denen der Sonntag eine gänzliche Ruhe von ihren gewöhnlichen Beschäftigungen bringt, ihre weltlichen Geschäfte viel kräftiger und besser besorgen, als diejenigen, welche ohne Unterbrechung damit anhalten. Eine Reihe von Jahren hindurch habe ich mit vielen

Regierungsbeamten, Mitgliedern des Congresses und ausgezeichneten Juristen, die gewöhnlich mit Arbeiten überhäuft, und deren Geschäfte oft schwierig und bringend sind, in näherer Verbindung gestanden. Manche von ihnen haben es für Recht und Pflicht gehalten, ihre öffentlichen Amtsgeschäfte zu unterbrechen, während andere den ganzen Sonntag über darin fortarbeiteten. Am Montag Morgen zeigte sich nun ein großer Unterschied. Während die Einen mit neuem Muth und frischer Kraft an die Arbeit gehen konnten, kamen die Andern an Leib und Seele ermattet und verstimmt zu ihren Berufsgeschäften. Darum bedenke ich mich keinen Augenblick, es als meine feste Ueberzeugung auszusprechen, daß wenn der Sonntag als ein Tag der Gottesverehrung und der Ruhe von weltlichen Geschäften allgemein beobachtet würde, viel mehr körperliche und geistige Arbeit vollendet, und zwar besser vollendet werden könnte; daß viel mehr Menschen sich einer guten Gesundheit erfreuen würden, mit mehr Vermögen und mehr Unabhängigkeit; und daß wir viel weniger Verbrechen und Armuth und Krankheit haben würden."

Dr. Mussey, Professor der Chirurgie im Ohio College: „Wenn noch zu fortwährender körperlicher Arbeit der zerstörende Einfluß unablässiger geistiger Anstrengungen und Sorgen hinzukommt, so kann es gar nicht fehlen, daß nicht **frühzeitiges** Sinken der Kräfte und Verkürzung des Lebens die Folgen davon seien. Deßhalb hat man keinen Grund, daran zu zweifeln, daß nicht bei pünktlicher Beobachtung des Sonntags das Leben der Menschen im Durchschnitt um ein Siebentel seiner Dauer verlängert werden würde, d. h. um mehr als sieben Jahre bei einer Lebensdauer von 50 Jahren."

Dr. Harrison, Professor der Arzneimittellehre: „Die Elasticität einer Feder wird durch unablässigen Druck endlich zerstört; so auch das Nervensystem, welches zu seiner Erhaltung der Abwechslung von Thätigkeit und Ruhe und der Mannigfaltigkeit der Eindrücke bedarf. Die heilige Ruhe des Sabbaths leitet vom Gehirn die übermäßige Fülle des Blutes wieder hinweg, welche die geistige und körperliche Anstrengung in sechs Tagen hervorzubringen geeignet ist. Der Wechsel der Kleidung, der gemeinschaftliche Gottesdienst, die körperliche Ruhe und die Richtung der Gedanken und Gefühle von weltlichen Dingen auf höhere Gegenstände — alles dieses trägt dazu bei, nicht nur die geistigen Kräfte in's Gleichgewicht zu bringen, sondern auch die körperlichen Kräfte zu stärken und zu erfrischen."

Die Ruhe des Sonntags ist zunächst eine leibliche Ruhe. Aber sie soll auch eine Ruhe der Seele werden. Die Nachtruhe könnte allenfalls die leibliche Kraft wieder herstellen; aber wir brauchen nicht bloß eine Nachtruhe wie das Thier, wir wollen eine Ruhe, die wir genießen können, ja wir wollen eine Ruhe für die Seele. Wir werden die Woche über in allerhand Sinnen und Sorgen umher geworfen. Dieses Sinnen und Sorgen soll am Sonntag schweigen. Wir machen allerhand Pläne und Entwürfe, wie wir unser Leben, unser Vermögen, unsern Beruf immer schöner und großartiger entfalten; wir geizen nach allerhand. Das soll am Sonntag unterbrochen werden; in das rastlose Rennen und Jagen soll Ruhe kommen. Mensch, du lebst nicht allein vom Brod, sondern von jeglichem Wort, das durch den Mund Gottes geht. Wir ängstigen uns, ob unsere Sünden uns auch vergeben werden. Am Sonntag bringt das Wort der Gnade freundlicher und stärker in unsere Herzen. Wir fangen wieder an zu glauben; unsere Seele wird beruhigter. Wir neiden und hassen, sehen scheel und mißgünstig auf das, was unsers Nächsten ist, mögen es nicht leiden, daß es ihm so gut geht und alles geräth, was er vornimmt. Am Sonntag werden wir erinnert, daß alle Menschen Staub sind und alle ihre Herrlichkeit wie des Grases Blüthe, und daß es sich wenig lohnt, um ihretwillen in Eifer sich zu verzehren. Am Sonntag kommt die Seele zur Ruhe. Das Aufhören der Arbeit, die Stille in der Natur, das Läuten der Glocken, die

Schaaren der Kirchgänger, der Gottesdienst selber, Alles gießt Ruhe in das bewegte und bewegliche Herz.

Der Sonntag ist der ideale Tag, der geistige Tag. Die Woche ist mehr dem Leiblichen gewidmet, der Sonntag dem Geistigen. Am Sonntag werden wir inne, daß wir auch Geist sind. An den Werktagen gehen wir bei aller Geschäftigkeit doch wie mit verbundenen Augen durch die Welt. Am Sonntag gehen uns die Augen auf; wir sehen Gottes Welt an, sehen uns an, sehen in uns hinein, überschauen unser Leben, schauen Gott. Wie der Wanderer von Zeit zu Zeit seinen Weg, den er zurückgelegt, überschaut, vorwärts blickt auf den Weg, der vor ihm liegt, so blicken wir von dem Sonntag aus rückwärts und vorwärts auf die Woche und unser Thun in derselben, sehen, ob unsere Werke gut seien wie Gottes Werke. Der Sonntag ist die Stille in dem Weltlärm, die Einsamkeit in dem Weltverkehr; er führt uns auf uns selbst zurück, gibt uns uns selbst. „Glücklich der Mensch, welcher sich in die Einsamkeit seines Herzens zu verschließen weiß! Dort hat er nur sich selbst zur Gesellschaft; seine Einbildung, seine Erinnerung, seine Betrachtungen antworten ihm. Wenn er die volkreichen Straßen entlang geht, wenn er auf den öffentlichen Plätzen stehen bleibt, wenn er die Denkmäler betrachtet, oder glücklicher, durch die Felder und Wiesen irrt, und die Düfte der Wälder athmet, was liegt daran; er denkt nach, er überlegt; sein Gedanke, ob traurig oder froh, erhaben oder zierlich, gehört ihm überall. Dann urtheilt er vernünftig über alles, dann reißt sein Herz sich los, sein Bewußtsein stählt sich, sein Wille stärkt sich, er fühlt die Tugend in seiner Brust mächtig werden; dann hat er Umgang mit Gott selbst, und er lernt von ihm in jenen Unterhaltungen, welche Niemand wieder geben kann, was es heißt leben und was es heißt sterben."*)

Der Sonntag ist der ideale Tag. Schon die reinliche

---

*) Proudhon. Die Sonntagsfeier.

Kleidung, die schönere Ordnung im Hause, das hübschere Aussehen der Straßen, das Kirchengehen, alles hebt uns in eine schönere geistige Sphäre. Der Strom des irdischen Erwerbes und Getriebes wird unterbrochen. Der Aermste wird es inne, daß er an diesem Tage ein freier Mensch sei. Der Strom der Sünde wird unterbrochen. Irrthum und Sünde wachsen nicht so sehr an, als wenn Werktag auf Werktag sich folgten; alles würde sich mehr verdichten und verdunkeln. So wird dieser dunkle Strom von Zeit zu Zeit aufgehalten; es wird ein heller Punkt in ihn hineingesetzt. Der Sonntag durchleuchtet alles. Der Böse weiß sich nicht so sicher; er muß sich zurückziehen; er muß sich verbergen. Der Verbrecher wird eher entdeckt; diese Helle, diese Heiligkeit leuchtet auch in sein Versteck; diese Helle, diese Heiligkeit ist ihm eine Last; er muß ihr weichen; er muß ihr nachgeben; er muß bekennen. Diese Helle, diese Heiligkeit fordert jeden Menschen auf, hell und Licht und Geist zu werden.

Der Sonntag ist geradezu die Bedingung, daß wir Religion und Sittlichkeit, geistiges Leben haben können; er ist der nothwendige Raum für diese Güter; ohne diesen Ort, ohne diese Zeit fielen auch diese Güter selber mehr und mehr dahin. Denn alle Tage Gott und dem Geistigen weihen wie alle Tage dem Irdischen und Leiblichen, alle Tage Sonntag und alle Tage Werktag haben, ist etwas Ideales, etwas, das nicht für wirkliche Menschen paßt wie wir sind, ist etwas für die erste Liebe, für den ersten Schwung seliger Christen, ist für den in Christo lebenden und webenden Apostel Paulus. „Nun ihr aber Gott erkannt habt, ja vielmehr von Gott erkannt seid; wie wendet ihr euch denn nun wieder zu den schwachen und dürftigen Satzungen, welchen ihr von Neuem an dienen wollt? Ihr haltet Tage und Monate und Feste und Jahreszeiten!" Ja, das müssen wir, Tage, Monate, Feste und Jahreszeiten müssen wir haben. Wir stellen sie nicht als das Höchste hin; Gott erkennen und von Gott erkannt sein, in Christo leben ist höher; aber die Bedingung, das Mittel, der Raum, der Ort, die Gelegenheit zu dieser Gotteserkenntniß, zu diesem Leben in Christo sind Tage, Monate, Feste und Jahreszeiten. Alle Tage Sonntag haben, führte dazu, daß wir bald keinen Sonntag mehr hätten. Der Sonntag ist die Bedingung, unter der wir Religion, Sittlichkeit und überhaupt geistiges Leben haben können. Ohne Sonntag ginge die Erkenntniß Gottes, Gottesdienst, Religion mehr und mehr verloren. Der Sonntag ist das Thor, durch welches Gott in die Welt, in unser Leben hineinzieht.

Der Sonntag ist der Tag des Gemüthes. Da ist uns wohl. Der Bürger freut sich seines Dorfes, seines Landes. Ihre Ehre ist seine Ehre. Der Kranke fühlt sich erleichtert, er zählt von diesem Tage an eine Woche zurück. Der Arme kann ihn an diesem Tag besuchen; ohne Sonntag könnte er es nicht. In bösen Zeiten bekommen wir das Vertrauen, die Fluthen der Trübsal werden uns nicht überschwemmen. „Die Freude des Sonntags erstreckt sich auf Alles; die Schmerzen selbst scheinen ein feierliches Gepräge anzunehmen und sind weniger heftig; die Reue weniger bitter; das kranke Herz findet eine ungeahnte Linderung seiner brennenden Leiden. Die Gefühle werden erhabener und reiner; die Gatten fühlen eine Erneuerung ihrer lebhaften und ehrerbietigen Zärtlichkeit; der Zauber der Mutterliebe verdoppelt sich; die Kindesliebe schmiegt sich mit mehr Gelehrigkeit unter die zärtliche Sorge der Mutter. Der Diener, dieses Hausgeräth in menschlicher Gestalt, geborener Feind dessen, der ihn bezahlt, fühlt sich ergebener und treuer, der Herr wohlwollender und weniger hart; der Landmann und der Handwerker, welche eine dunkle Ahnung politischer Gleichheit quält, fühlen sich mit ihrem Schicksal zufriedener. In allen Verhältnissen erhält der Mensch seine Würde wieder, und in der Unendlichkeit seiner Neigungen erkennt er, sein Adel sei höher, als daß die Eintheilung in Rangstufen ihn herabsetzen und erniedrigen könne."*)

---

*) Proudhon a. a. O.

Der Sonntag ist dieser gemüthliche Tag besonders auf dem Lande. Von den großen Städten, namentlich von denen, welche Proudhon hier im Auge hat, von den französischen, wird wohl seine Klage berechtigt sein: „In den Städten ist der Sonntag beinahe nichts, als ein Feiertag ohne Nothwendigkeit und ohne Zweck, eine Gelegenheit zum Putze für die Kinder und Frauen, der Einnahme für die Gastwirthe und Weinhändler, eines erniedrigenden Müssigganges und des Anwachses der Ausschweifung."

„Der Sonntag hat auf dem Lande unstreitig viel mehr seine festliche Bedeutung erhalten als in der Stadt, namentlich wenn man die höhern Klassen der städtischen Bevölkerung in's Auge faßt. Nicht nur gehen die Dorfleute viel allgemeiner und regelmäßiger in die Kirche, der ganze Tag ist dem Bauer ein wesentlich anderer als die Wochentage, und er selbst hat sich verwandelt. An den Wochentagen ist sein Sinn auf die Arbeit gerichtet und fast ganz nach außen gezogen; am Sonntag winkt ihm die Ruhe, die nach angestrengter Arbeit so süß ist; und ihr sich hingebend und in ihr sein Inneres gewähren lassend wird er ein anderes, so zu sagen höheres Wesen. Von Anfang an hat an diesem Tag alles für ihn einen feierlichen Charakter. Wiederholt erschallt das einfache Thurmgeläute, ihm zu sagen, daß er sich festlich anzukleiden und zum Kirchgang zu bereiten habe. Und er legt sein bestes Gewand an — lauter Stücke, die er an Werktagen niemals trägt — und ergeht sich schon vor dem Gottesdienst, in sich gekehrt, mit träumerischem Ernst in seinem Hof, seinem Garten, oder wechselt mit einem Nachbar trauliche Reden, wobei der derbere Ton der Wochengespräche mit natürlichem Takte vermieden wird. Das Läuten der Glocken ruft ihn in die Kirche, und wenn die Predigt nicht immer geistliche Gedanken in ihm erweckt, so regt sie doch fromme Gefühle in ihm an und gibt ihm eine beruhigte würdige Haltung. Freier und leichter und für weltlich angenehme Dinge empfänglicher, geht er nach Hause und verzehrt in ungestörtem Behagen das bessere Mahl, um dann ruhend oder langsam umherwandelnd das Wohlgefühl der Sättigung zu genießen. Die Zeit nach dem zweiten Gottesdienst, der Betstunde oder der Kinderlehre, wendet er auf einen längern Spaziergang oder er sucht Befreundete auf, in ihrem eigenen Haus oder im Wirthshaus. Gespräche werden gepflogen, ernster, milder und gehaltvoller als an Werkeltagen, wo das Eingehen auf den Gegenstand versagt bleibt. Auch im Wirthshaus bewahrt der gestandene Mann seine Gravität; und wenn bei gutem Trunk die Köpfe sich endlich erwärmen, die Zungen und die Reden lustiger werden, so ist das auch nur eine Erhebung in eine höhere Region — in die Sphäre der reinen gemüthlichen Fröhlichkeit.

Am Sonntag concentrirt sich für den Bauer, was man in der Stadt alle Tage oder wenigstens öfter in der Woche hat. Am Werkeltag mehr Bauer, ist er am Sonntag mehr Christ und Mensch, innerlich gesammelter, gemüthlicher, beglückter und durch seine vollständige Tracht sogar auch äußerlich vollkommener. Der Sonntag ist für den Bauer nicht nur der vorzugsweise heilige Tag, sondern auch die Zeit, wo sich nach den Stunden der Andacht alles in ihm regt, was wir als „poetisch" bezeichnen, er selbst aber mit einem auch nicht übeln Worte „schön" zu benennen pflegt." *)

Der Sonntag ist der Tag des **Familienlebens**; namentlich für die Fabrikbevölkerung ist der Sonntag der eigentliche Sonnentag des Familienlebens. Wie Pflanzen, welche die Woche über im Schatten stehen, wird es am Sonntag an die Sonne gebracht; die schwachen Reiser beleben und kräftigen sich, schließen sich inniger zusammen und es entsteht ein Blühen, wie es ohne Sonntag nie und nimmer zu Stande gekommen.

Wenn nur von Seite der Herren das Heil erwartet wird,

---

*) Melchior Meyr.

werden noch lange Uebel und Nothstände in der Fabrikindustrie bleiben. Die Arbeiter müssen das Ihrige auch thun, müssen namentlich den Sonntag recht feiern. Nehmen kann ihnen denselben Niemand. Wenn es sogar Herren gäbe, die dem Arbeiter auch noch diese Zeit, auch noch diesen Rest von Kraft gegen Geld ablaufen möchten, wenn die Arbeiter nicht wollen, wird ihnen Niemand den Sonntag nehmen können. Aber daß sie am Sonntag nicht arbeiten, das ist nicht das Einzige, was zur rechten Feier des Sonntags gehört. Es ist begreiflich, daß sie, nachdem sie sechs Tage verschlossen waren, am Sonntag das Gefühl der Freiheit bekommen. Aber so lange sie die Freiheit des Sonntags ansehen nur im Gegensatz zu einem lästigen Zwang und sich nur feindlich wider die Fabriken wehren in dem Sinne, daß sie dann am Sonntag nach allen vier Winden auseinander rasen, so lange gibt es für sie kein Heil. Sie müssen anders urtheilen. Wir sind die Woche über auseinander gehalten worden; heute wollen wir beieinander sein. Sie müssen die Freiheit des Sonntags gebrauchen zu ihrem Wohl. Fabriken, wir sind euer los, aber wir rächen uns an euch nicht dadurch, daß wir uns heute ungebunden benehmen; wir benützen diese Freiheit zu unserm Glück. Zu unserm Glück meint freilich ein Jeder, und wenn er in der ausgelassensten Weise den Sonntag zubringt; aber wahrstes Wohl ist für uns doch nur, wenn wir als Glieder des schönsten innigsten Bundes den Sonntag feiern. Gewisse Zeiten bleiben dem Manne, dem Jünglinge dennoch, daß er auch dem geselligen und freundschaftlichen Leben sich widmen kann. Wenn wir Männer und ledige Brüder den ganzen Sonntag den Unsrigen uns entziehen, was haben dann sie für einen Sonntag, was haben dann sie von uns am Sonntag? Wahrlich, das ist nicht das Ganze, daß der Mann nur das Geld und das Brod in das Haus schafft. Eine Wittwe und Waisen, die sind allein am Sonntag; aber zwischen Familien, da noch ein Haupt ist, da ein Vater vorhanden ist, und einem Wittwen- und Waisenhause soll ein Unterschied sein.

Man bringt heutzutage große Opfer für die Schulbildung der Kinder. Während früher kein Schulzwang bestand und ärmere Leute ihre Kinder nie in die Schule schickten, sondern so früh als ihre Kräfte es erlaubten, von ihren Kindern etwas zu ziehen suchten, schicken jetzt alle armen Leute ihre Kinder bis zu erfülltem zwölften Jahre in die Schule. Sie wälzen mit großer Mühe und Anstrengung, mit viel Entbehrungen den Stein auf die Höhe; aber kaum ist er oben, so kümmern sie sich gar nichts mehr, ob er auch oben bleibe oder bald wieder hinunter rolle. Jetzt, mit dem zwölften Jahre wären die Kinder im Stande, etwas mit Verständniß zu erfassen, es dauernder zu behalten; aber da geben sich so viele Eltern nicht die mindeste Mühe, an ihren Kindern selber etwas zu thun. Und die Schule in industriellen Gegenden kann nichts Erhebliches leisten, wenn mit dem zwölften Jahre alles abgebrochen wird, wenn da Niemand ist, der den Faden in irgend einer Weise aufnimmt und weiter führt. Das Haus sollte hier nachhelfend eintreten; die Bildungsarbeit an den Kindern muß vertheilt werden. Während der Lehrer die Kinder massenhaft unterrichtet und nur massenhaft unterrichten kann, sollte jetzt jedes Kind an seinem Vater, oder wo es die Mutter besser verstände, an seiner Mutter einen eigenen Lehrer bekommen. Und solche Vater- und Mutterlehrer sollten jetzt möglich sein; das sollte im Unterschied zur alten Schule von der neuen Schule verlangt werden dürfen, oder dann wäre ein wichtiger Gewinn, ein großer Vorzug, den man sich versprochen hat, nicht vorhanden. Sollte nicht auf einem gemeinsamen Spaziergang am Sonntag manches gesehen und gehört werden, das schönsten Stoff zur Belehrung böte? Sollte nicht in der Zeit vor dem Mittagessen und vor dem Schlafengehen eine Stunde gefunden werden, da man die Kinder und sich selber auf die lehrreichste und schönste Weise beschäftigen könnte? Wie viel möchte da aufgebaut, wie manchem vorgebaut, wie viel Schlimmes verhütet werden!

Der Sonntag ist dieser ideale Tag durch den Gottesdienst. Der Gottesdienst ist der Zaun, daß die Arbeit des Werktages nicht in den Sonntag einbricht, und er nicht ein Tag der Ausschweifung wird. Ohne dieses Heilige wäre die Arbeit nicht fern zu halten und das Vergnügen bemächtigte sich ganz seiner. Der Gottesdienst ist aber nicht bloß die heilige Einfriedung des Sonntags, die Weihe des ganzen Tages; er enthält reichen Segen in sich selber.

Schon das Gotteshaus als erhabenstes schönstes Bauwerk übt einen erhebenden veredelnden Einfluß auf uns; sodann der Gottesdienst als Kunstdarstellung, als Schönstes und Erhabenstes, das wir als Volk darstellen können. Sein größerer Segen liegt aber an einem andern Orte. Wir werden zum Nachdenken geführt. Für Viele ist die Kirche geradezu der einzige Ort, da sie zum Nachdenken über sich selbst, ihr Leben, ihre irdische und himmlische Bestimmung gelangen. Wir sehen allerhand Menschen zu einem gemeinsamen Ziele berufen; das Wort der Predigt führt uns allerhand Zustände vor die Seele, schlägt, ohne daß es sich gerade an dich und mich wendet, Saiten in unserm Innern an, an denen wir ohne diese äußere Anregung, nur bei unserm eigenen Nachdenken vorübergegangen wären.

Wir werden durch den Gottesdienst im Guten befestigt. Wenn es nur darauf ankäme, daß wir wüßten, was recht und unrecht wäre, so würde ein kurzer Unterricht in der Jugend genügen, und nachher wie im Alten Testament ein Vorlesen des Gesetzes alle sieben Jahre einmal. Aber wir müssen unsere guten Vorsätze und Entschlüsse stets wieder erneuern, müssen uns stets nach Stützen umsehen, daß das Gute in uns bleibe, die Oberhand behalte und immer mehr gewinne wider die uns anklebende Schwachheit und Geneigtheit zum Bösen. Und wo geschähe die Erneuerung unserer Vorsätze am besten, wenn nicht da, wo wir sie einst in ernster, schönster Stunde gefaßt haben? Wo entschließen wir uns am ehesten immer wieder für das Gute, wenn nicht mitten unter den Menschen, deren Glieder wir sind, denen wir Ehre zu machen haben, vor denen wir uns nicht schämen wollen, um derer willen wir brav und gut bleiben wollen? Hier, wo uns die Gewißheit, daß es eine Ewigkeit gibt, am nächsten tritt, wo wir von der Liebe zu geistigen und himmlischen Gütern am meisten durchwärmt werden, werden wir uns auch am nachhaltigsten vornehmen, allen unsern Pflichten, allen unsern gemeinsamen Bestrebungen treu zu bleiben. Bleiben wir lange von der Kirche weg, schließen wir uns auf die Länge von der Gemeinschaft edler Menschen aus, so werden wir leicht im Guten nachlassen, erschlaffen und nehmen es mit der Sünde nicht mehr so genau. Wir meinen, nur allein, nur für uns zu sein.

Der Gottesdienst vereinigt uns zu einer Gemeinschaft. Das Leben reißt auseinander; Alter, Stand, Vermögen, Kenntnisse trennen. Der Gottesdienst bricht alle diese Spitzen ab. Denn hier sind wir alle Genossen einer Gebrechlichkeit, vor Gott in dem Maße alle gleich, als wir ein reines Leben führen und das anvertraute Pfund treu verwalten. Wo wir alle der Vergebung bedürfen, werden wir versöhnlich gestimmt, wo wir alle auf einem morschen Fahrzeug der Ewigkeit zusteuern, werden wir zu gegenseitiger Hülfe und Unterstützung im Leiblichen und Geistigen geneigt. Hier legen sich die stolzen Wellen des wichtigen und wichtigthuenden Lebens; sie werden sanft und glatt.

Der Gottesdienst tröstet uns. Der gleiche Trostgedanke tröstet nicht immer. Bei trocken gesprochenen Worten bleiben wir oft kalt; gesungen, in einem schönen Liede richtet das Wort uns auf. Dein einzelnes Wort vermag nicht viel, aber das Wort, das die Gemeinschaft an dich richtet: vertraue auf deinen und unsern Gott! Kämpfe mit uns den gemeinsamen Kampf! thut es. Wir mögen nicht beten. In der Kirche müssen

wir beten. Die vorgesprochenen Worte ziehen uns in's Beten
hinein; wir beten mit. Im Gotteshause sehen wir, daß wir
mit unserm Kummer nicht die einzigen seien, daß nicht bloß der
blaue Himmel, sondern schon das Dach einer einzigen Dorfkirche
manches Leid bedecke; wir sehen aber auch manches wieder ge-
tröstete, zurechtgekommene Antlitz. In der Kirche beten wir für
einander. Wo der Leidende das kann, selbst geschlagen für andere beten, hat er eine große Hülfe gefunden.

Im Gottesdienst werden wir erbaut. Es will uns oft
der Glaube nicht gelingen. Wir können uns das Rechte nicht
vorreden und andere auch nicht. Wir sind in einer getheilten,
zerrissenen Stimmung. Der Gottesdienst löst alles wieder auf.
Wir können nicht sagen, daß es die Predigt gethan, das Singen,
was es gethan, Alles hat es gethan. Wir wissen auch nicht,
was es jetzt sei; wir sind erquickt, wir haben die rechte Stimmung wieder gefunden. Die Welt, die zerrissen vor uns lag,
steht wieder ganz vor uns, das Leben, das uns anwiderte, ist
Schönheit, Harmonie; Gott, den wir suchten, tritt uns nahe.
Es ist kein Handeln und kein Leiden, bloßes seliges in sich be-
friedigtes Sein, kein Suchen und kein Forschen, sondern ruhiger
seliger Besitz, Leben und Weben in Gott.

Der Gottesdienst ist die Weihe des Sonntags, die Seele
des Sonntags, die Quelle, aus der Lebenswasser für den ganzen
Sonntag fließen. Haben wir uns im Gottesdienste geweiht und
gestärkt, werden wir nicht leicht den übrigen Theil des Sonntags entweihen; alles, was wir thun, wird die rechte Art, die
rechte Stimmung erhalten; dann wird es wahr: „dem Reinen
ist Alles rein."

Wie der Gottesdienst sein Licht, seinen Segen ausgießt
auf den ganzen Sonntag, so thut dieß der Sonntag mit der
ganzen Woche. „Der Sonntag macht die Woche." Der Sonntag
weiht die Arbeit der Woche; sie duftet am Montag wieder wie

frisches Brod. Haben wir sie in den Sonntag hinein geschleppt, so ist sie am Montag schimmliges Brod.

Der Sonntag ist ein Zeichen zwischen Gott und uns, eine heilige Schranke. Und an Schranken muß sich der Mensch gewöhnen. Zuchtlosigkeit ist das größte Uebel. Da übertritt der Mensch alle Gesetze. Zuchtlosigkeit ist ein Uebel, an der unsere Zeit besonders leidet. An Zucht müssen wir uns gewöhnen; ohne Zucht, ohne Kraft, zu gewissen Zeiten gewisser Dinge uns zu enthalten, ohne Zucht, dieses und jenes zur Unzeit nicht zu thun, und wenn wir auch über das Schädliche, über das Nachtheilige desselben nicht überzeugt wären, sind wir jeder Begierde, die in uns aufsteigt, Preis gegeben. Selbstbeherrschung müssen wir lernen.

Das Sabbathsgesetz steht nicht umsonst in den heiligen Zehn Geboten; es ist ein sittliches Gebot; Sittlichkeit und Religion, Bestand der Familie, des Hauses, des Gemeinde- und Staatslebens hangen an ihm.

Wenn der Sonntag wieder recht gefeiert wird in allen Häusern und allen Berufsarten, wenn es auch durch die großen Hallen des Handels und Verkehrs durchschlagend tönt: „Das ist der Tag des Herrn!" wenn die großen Interessen des Sonntags als das, was sie sind, als die größten gehalten werden, und diese dann wie alle großen Interessen nach ihrer Neigung, andere Interessen nach sich zu ziehen, immer mehr in den Leib der Gesellschaft hinein Wurzeln schlagen: dann ist wieder eine Hülfe mehr gekommen für das menschliche Geschlecht.